La piedra
de Rosita

Francisco Moreno Mejías

Ediciones
Moreno Mejías

Autor: FRANCISCO MORENO MEJÍAS

Diseño de cubierta: Marlon Aparicio Arcia

Editorial : EDICIONES MORENO MEJÍAS. EDITORIAL WANCEULEN.
C/ Cristo del Desamparo y del Abandono, 56. 41006. SEVILLA.
Teléfonos: 954656661 – 954920298
www.edicionesmorenomejias.com
ISBN: 978-84-9823-658-3
Depósito Legal:
© Copyright: EDICIONES MORENO MEJÍAS. EDITORIAL WANCEULEN.
Primera edición: Primavera de 2012
Impreso en España: Publidisa.

A la memoria de Sandra, que se fue primero porque los dioses se llevan antes a quienes más quieren.

ÍNDICE

Bajó Yavé a ver la ciudad y la torre que estaban haciendo los hijos de los hombres, y se dijo: "He aquí un pueblo uno, pues tienen todos una lengua sola. Se han propuesto esto, y nada les impedirá llevarlo a cabo. Bajemos, pues, y confundamos su lengua, de modo que no se entiendan unos a otros". Y los dispersó de allí Yavé por toda la haz de la tierra, y así cesaron de edificar la ciudad.

(Génesis. Capítulo 11, versículos 5, 6, 7 y 8.Traducción de Eloíno Nácar y Alberto Colunga)

In a horrific sequence of crashes and collapses, the 110-story towers of the World Trade Center were obliterated early Tuesday September 11...

(Associated Press informando la destrucción de las Torres Gemelas, símbolos del orgullo de la llamada Babel de Hierro).

PRÓLOGO

Aunque la residencia para ancianos "El Buen Retiro" había sido instalada en los predios del antiguo cuartel de caballería de Santiago Apóstol no era precisamente un cuartel, si bien es verdad que tenía ciertos resabios militares. Uno de ellos era la obligación de todos los habitantes de levantarse a las ocho de la mañana excepto, claro está, los que se consideraban enfermos. Aseo, desayuno y demás actividades matutinas también estaban limitadas a ciertos términos horarios y para facilitar el cumplimiento había grandes relojes de pared instalados por todas partes.

El que fue dormitorio colectivo de soldados estaba dividido mediante tabiques en veinte celdas individuales que alojaban las camas de los internos. Cada cubículo tenía una puerta que daba a un corredor recto y largo y una ventana a través de la cual se veía el gran patio interior donde no hacía mucho sonaban las enérgicas voces de los sargentos impartiendo la instrucción a la tropa. Las camas eran de tubos metálicos, pintadas de blanco y provistas de ruedas.

Aquel día, minutos después de sonar el timbre de las ocho, mejor conocido como el toque de diana, apareció por el pasillo la asistente de turno con su bata blanca y su cofia reglamentaria que le daban un aspecto no se sabía bien si de enfermera o de cocinera. Daba pasos largos que querían ser enérgicos, pero como los amortiguaba con sus zapatos silenciosos de suela de caucho, el resultado era un movimiento ondulante que recordaba la marcha de un camello.

El chirriar de las puertas metálicas de las oxidadas mesillas de noche, el entrechocar de los enseres del aseo matutino y los breves diálogos a media voz de los residentes producían un murmullo continuo del que destacaban los *buenos días, buenos días* que se iban repitiendo cuando aparecía en el marco de cada puerta la figura uniformada de la asistente-dromedario.

Ésta empezó a barrer y a hacer las camas de los que, toalla, jabonera y algún otro chisme en mano, se encaminaban en pijama hacia los servicios. Había transcurrido menos de diez minutos y solamente quedaban ocupados dos de los veinte dormitorios.

La asistente no le dio importancia: era frecuente que algún rezagado alegara cualquier dolencia para permanecer acostado después de las ocho. Al llegar a la primera cama ocupada, preguntó con la voz aflautada que usaba para estos casos: «¿*Qué pasa, Camilo? ¿Te agarró otra vez la gripe?*». (El largo tiempo de convivencia hacía que los pasajeros y la tripulación de aquella barca de Caronte se tutearan entre sí, exceptuando a los peces gordos, como la directora o los médicos). Camilo contestó algunas excusas y la asistente, sin más preámbulos, desactivó con la punta del pie derecho los frenos de las ruedas de la cama, agarró enérgicamente los barrotes de la cabecera y se llevó rodando yacija y yacente camino de la enfermería.

Regresó a su labor protestando entre dientes cada vez que veía un objeto tirado, una mancha en la pared o una suciedad cualquiera. Al llegar al otro lecho habitado no preguntó nada. El ocupante permanecía con los ojos cerrados y la boca abierta y presentaba en el rostro una palidez semejante a la de las figuras de cera. La asistente, en sus cinco años de ejercer el oficio, ya había amortajado a un buen número de inquilinos, por lo que no le causó sorpresa aquel encuentro. Le tocó la frente, le levantó un párpado, sacudió la cabeza con un gesto de fastidio, quitó los frenos y empujó cama y difunto por el largo pasillo que conducía al depósito de cadáveres. Era una habitación chica, exenta del edificio princi-

pal, que había sido construida para guardar municiones y tenía una pequeña puerta que daba a una
calle estrecha lateral por donde evacuaban los dese-
chos humanos lo más discretamente posible.

Después que el médico certificó la defunción y
se hicieron los trámites reglamentarios, la secretaria,
acompañada por la directora, recogió los enseres
personales y luego telefoneó al único pariente re-
gistrado en su ficha: Una hija llamada Rocío Martínez Colmenares con domicilio en Barcelona. Nadie
contestó. La secretaria volvió a llamar a distintas
horas del día y de la noche sin resultado. Al día siguiente temprano, después de hacer una última llamada infructuosa, la directora de la residencia se fue
a la oficina central de Telefónica y pidió la guía de
Barcelona. Buscó la calle y el número de la casa
donde decía la ficha que vivía la hija de Juan Martínez, llamó al teléfono de un vecino y le preguntó a
una señora que contestó, si sabía dónde podría localizar a Rocío Martínez Colmenares. La señora dijo
que Rocío, su esposo, su hija y su suegra, habían salido hacía una semana, supuestamente a pasar las
vacaciones de verano en alguna playa, según las
cosas que ella vio meter en el coche. La directora le
comunicó a la vecina de Rocío el motivo de la llamada y el número de teléfono de la residencia con
el ruego de que, si podía localizarla, se comunicara
con ella.

Esperando la contestación llegó un momento en que ni la ley ni la prudencia permitían mantener insepulto por más tiempo el cadáver de Juan Martínez, por lo que se le dio tierra en el cementerio de San Fernando.

La directora se encargó personalmente de guardar en una maleta las escasas pertenencias del difunto y le llamó la atención ver entre ellas una caja de zapatos llena de cuartillas escritas con letra clara y menuda. Supuso que aquello sería una especie de diario y, temiendo que contuviera algunos juicios negativos contra *El Buen Retiro* (ella sabría por qué lo temía), decidió leerlo con el propósito de destruir las hojas donde estuvieran las supuestas críticas antes de que cayeran en manos ajenas.

El verano era, como siempre, muy caliente en Sevilla y por la tarde había poco trabajo en la residencia, por lo que la directora decidió combatir el tedio vespertino con la lectura de aquellos papeles. Ya se le cerraban los ojos cuando iba por la quinta o sexta hoja. Viendo que no mencionaba la residencia y que la lectura le resultaba aburrida, hojeó al azar, comprobó que allí no había nada comprometedor y volvió a guardar los papeles en la caja de cartón. Esto fue lo que leyó y lo que dejó de leer:

I

GÉNESIS

Una noche del verano de 1987, después de cenar, dije que iría al pueblo a visitar la casa y el olivar. Rosita, que tenía cinco años y demostraba quererme mucho, empezó a dar saltos de alegría y a decir que quería ir con el abuelito. No me gustó mucho la idea, pues con la niña no podría estar en el pueblo más de un día o dos. Le dije que tendría que pedirles permiso a sus padres, con la esperanza de que se lo negaran, pero ellos, ante mi sorpresa, la dejaron ir. Aquella noche durmió en el piso con nosotros y el sábado de madrugada Rosa la despertó, la vistió, me dio una bolsa con algunas cosas suyas y salimos de Sevilla en el coche camino de mi pueblo. A los pocos minutos se quedó dormida y no despertó hasta que paramos a desayunar en La Palma del Condado. Cuando pasamos por el puente que cruza el río Tinto me preguntó por qué el agua de ese río es roja. Yo, que nunca la engañé diciendo que a los bebés los trae la cigüeña o que los regalos de Navidad los ponen los Reyes Magos, ese día sin saber por qué, en vez de hablarle del pH

ácido o del sulfato férrico, cosas que ella no entendería, inventé un cuento que era más o menos así:

*Hace muchísimos años el agua de ese río era
cristalina y sus márgenes estaban pobladas por
frondosos árboles y hermosas flores. Una niña llamada Rosita, como tú, paseaba un día por una de las
orillas y sintió sed. Bajó a beber al río y, al inclinarse
en un remanso para alcanzar la superficie del agua,
apoyó sin querer una de sus manos en una piedra de
la orilla, que se volvió blanca y muy brillante. Al día
siguiente pasó por allí un mago que, al ver brillar la
piedra, retrocedió asustado porque sabía que las
piedras que brillan contienen una maldición, de la
que Rosita se había salvado porque las maldiciones
no afectan a las almas puras de los niños.*

*Aquella piedra mágica la había colocado junto
al camino hacía muchísimos siglos un rey destrona-
do, para que los invasores sedientos de toda clase de
metales que conquistaron su reino creyeran que era
de plata y murieran al tocarla. El mago, que era muy
bueno y no quería que nadie muriera, la arrojó al río
para evitar que se cumpliera la maldición. Entonces
el agua se convirtió en sangre y en aquellas verdes
orillas no volvió a crecer jamás la hierba. Después el
mago cayó muerto por haber tocado la piedra y su
alma, como todas las almas de la gente buena, subió
al Cielo y se convirtió en una estrella que brilla todas
las noches en el cielo de Andalucía.*

Si yo fuera creyente en vaticinios y premoniciones, pensaría que el cuento me lo inspiró algún oráculo de los dioses que veneraron siglos atrás nuestros antepasados. Bien sé que el tiempo y la distancia todo lo borran y es muy posible que esto ya se me hubiera olvidado si no fuera por lo que ocurrió después; si no fuera porque aquel fue el día en que Rosita descubrió la Piedra.

❋ ❋ ❋

El pueblo donde nací está en la provincia de Huelva. Todas sus casas están blanqueadas con cal y cubiertas con tejas. Bajo los aleros de los tejados anidan las golondrinas y sobre las macetas de los balcones florecen los geranios. Como mi pueblo ocupa la falda de una colina, muchas de sus calles son pendientes. Unas están empedradas y otras adoquinadas y tienen nombres muy sugestivos, como *Calle de las Huertas*, *de la Herrería*, *del Berrueco*, *del Altozano*, etc. De muchacho siempre me chocaba que se llamaran así, cuando en todas las esquinas había unos azulejos que decían con letras grandes y claras *General Mola*, *Comandante Castejón*, *General Sanjurjo*, *Calvo Sotelo*, *18 de Julio*, etc. Solamente coincidía el nombre vulgar con el oficial en algunas calles con nombres de santos y no en todas, pues en la calle San Francisco, por ejemplo, eliminaron al *poverello* de Asís y lo sustituyeron por el general don Gonzalo Queipo de Llano. Al principio pensé que mi pueblo estaba lleno de analfabetos, hasta que pude entender que no era que la gente no supiera leer aquellos letreros, sino que le importaba un pepino lo que decían. Hubo vecinos de mi pueblo que para poder escribir el remite en el sobre de una carta tuvieron que ir a la esquina más cercana a enterarse de cómo se llamaba oficialmente su calle, después de estar pasando todos los días durante veinte años debajo del letrero.

Esta tragicomedia de los cambios en la nomenclatura urbana se convirtió en epidemia nacional, pero no crean que fue privativa de los del *Glorioso Alzamiento*, pues los *rojos* tampoco se habían quedado cortos honrando cuando pudieron a sus héroes con rótulos esquineros. El día que se casó Alfonso XIII, al paso de la comitiva por la calle Mayor de Madrid, un anarquista decidió acabar con la monarquía de forma expedita. Aunque el bombazo no consumó el regicidio, la intención fue suficientemente meritoria como para dejar constancia imperecedera y la calle que fue testigo de tal *hazaña* pasó a llamarse durante la República *Calle de Mateo Morral*, como premio a quien un día la sembró con varias decenas de cadáveres y un centenar de heridos.

Debido a que después de *liberada* Madrid era prohibido llamar a la Gran Vía por su nombre, pues

ahora se llamaba Avenida de José Antonio en honor
al fundador de la Falange, un asno provinciano
investido de censor pretendió borrar del reperto-
rio de cierta compañía lírica la famosa zarzuela de
Federico Chueca homónima de la arteria madrile-
ña. La letra del chotis *Pichi* de la revista *Las Lean-
dras* dice: "Se lo pues decir / a Victoria Kent, / pues
lo que es a mí / no ha nacido quién". Cuando Celia
Gámez cantaba el famoso chotis tenía que eliminar
el nombre de esta brillante ministra de la República si no quería ir presa.

Otra muestra de esta fiebre que les entró a los
buenos por bautizar *buenamente* todo lo que se les
ponía por delante la vi cuando, ya jubilado, viajaba
con el INSERSO desde Madrid a Toledo. Casi a mitad de camino había un letrero a mano izquierda
que decía *Numancia de la Sagra*. La Sagra se llama
la comarca por donde pasábamos y es natural que
los pueblos situados en ella se apelliden así, pero
yo no entendía qué relación podría haber entre esa
población y las ruinas celtibéricas próximas a So-
ria. Un compañero de viaje me explicó que este
pueblo se había llamado desde el tiempo de los
moros Azaña (del mismo origen árabe que la palabra *aceña*), pero cuando lo tomaron las tropas de
Franco, a alguno de aquellos energúmenos le re-
pugnó tanto que su nombre coincidiera con el apellido del presidente de la República, el ilustre escri-

tor y político don Manuel Azaña y Díaz, que lo cambió por otro que sonara más *patriótico*. Ojalá que, ahora que hay democracia, se pongan de acuerdo los vecinos y las autoridades para restituir a esta población su nombre tradicional.

Después de este inciso onomástico continuaré describiendo mi pueblo. Casi todas las calles parten de la Plaza Mayor, que ostentó hasta 1980 en cada uno de sus cuatro ángulos un rótulo que decía *Plaza de la Falange Española*. Está pavimentada con ladrillos rectangulares combinados con olambrillas, provista de cuatro farolas de hierro forjado, bancos revestidos de azulejos sevillanos y llena de naranjos y rosales, que da gusto verla. Tiene esta plaza al lado de poniente la iglesia parroquial de Santa Ana, muy antigua y con una torre cuadrada que dicen fue alminar de una mezquita que había aquí cuando mandaban los musulmanes. En mitad del lado opuesto a la iglesia está el ayuntamiento, un edificio de piedra de dos plantas con un gran balcón, un letrero sobre el arco de entrada que dice *Casas Consistoriales* y una placa en la fachada donde se lee en latín que fue edificado en el año 1762, bajo el reinado de Carlos III. A la derecha del ayuntamiento está el Casino de los Señoritos, que hace esquina con la calle Carretas. Esta calle, mientras estuvo vivo Franco, llevó un letrero que decía General Aranda. Casi en la mitad está la casa número

26, que fue de mis abuelos maternos, donde nací yo y vivió mi madre hasta su muerte. En la parte más alta del pueblo se yergue todavía una antigua fortaleza, desde cuyos ruinosos torreones se divisan los álamos y chopos que crecen en ambas orillas del río que circunda y defiende por levante y mediodía el cabezo en donde se alza la población. Este río siempre ha sido conocido por mis paisanos como *la Rivera*, aunque en los mapas aparece con otro nombre. Por esos mismos rumbos se extienden campos de cereales y olivar sobre suaves colinas y algunas huertas en las tierras fertilizadas por el aluvión del río. Hacia poniente se ven hermosos pinares y por el norte abundan las encinas, alcornoques y fresnos hasta donde la vista se pierde en unos cerros azules por la distancia.

La gente de mi pueblo habla el castellano con la pronunciación andaluza, naturalmente, pero la pronunciación andaluza es muy diferente dentro de las ocho provincias y aun dentro de cada una de ellas. En la de Huelva hay tres dialectos principales: el de la sierra al Norte, el del llano al Sur, y el que se habla dentro de un triángulo que desde aproximadamente el centro geográfico de la provincia se abre en abanico hasta la raya de Portugal. Mi pueblo está casi en el límite geográfico de los dialectos del Norte y del Sur, pero pronuncia como los del Norte. En los tres hay algunos fonemas que no se pueden representar con ninguna de las letras de nuestro alfabeto, como por ejemplo un sonido sonoro que se le da en el Sur al dígrafo *ch*, parecido al que se le da en francés, al *sh* inglés o a la *x* gallega. La supresión del sonido de la letra *d* entre vocales es general. También lo que se escribe con *ll* o con *y* suena en toda la provincia de diferente forma que en el castellano clásico, excepto en algunos pueblos de la sierra, que conservan distinta la pronunciación de una y otra grafías. La parte Norte de la provincia distingue entre los sonidos *s* y *z* castellanos, el triángulo centrooccidental pronuncia ambas grafías con el sonido de la *s* y la parte Sur sólo pronuncia el sonido de la *z*. En lo que escriba tendré que expresar a veces frases o expresiones de mis paisanos y para hacerlo fielmente necesitaría los signos fonéticos que usan los lingüistas, cosa que no está a mi alcance ni sería conveniente. Sin embargo hay un fonema que se emplea muchísimo en el habla andaluza, así como en Extremadura, Canarias y gran parte de América, y no se puede representar por ningún signo de nuestro alfabeto normal. Es el sonido de la *h* aspirada. Con este sonido mis paisanos pronuncian, no solamente lo que se escribe con *j*, sino también otras palabras, como cuando dicen *huitivo* o *humarea* por "fugitivo" o "humareda", así como las eses finales de sílaba y algunas otras grafías. Este fonema, por ser tan común en el habla andaluza, creo que sí debo representarlo y, como en el castellano moderno la *h* hace mucho tiempo que dejó de aspirarse, aunque no de escribirse, para distinguir la aspirada de la muda me he tomado la licencia de subrayarla cuando quiero transcribirla aspirada.

Estas características del dialecto andaluz dan lugar a curiosas confusiones. Cuando vinieron unos funcionarios madrileños del Instituto Geográfico encargados de completar el mapa de Andalucía, preguntaron el nombre de cierto puerto de montaña. Los nativos contestaron: «Ese e<u>h</u> er puerto der <u>H</u>uío». Los forasteros, conscientes de que los andaluces convierten el sonido de la *j* en *h* aspirada y suprimen el sonido de la letra *d*, escribieron en sus mapas *Puerto del Judío*, cuando el nombre real de aquel desfiladero es *Puerto del Huido*.

✳ ✳ ✳

Lo que a continuación voy a escribir son recuerdos propios o que me contaron. Espero que quien tenga la paciencia de leer estas cuartillas me perdone la invención de algunos detalles que la ancianidad me impide recordar o de los que no pude ser testigo, pero que en buena lógica supongo que ocurrieron, según las costumbres de la época o las consecuencias posteriores.

Todos mis antepasados, que yo sepa, fueron hijos de mi pueblo. Mi abuela paterna murió en 1918, cuando la gran epidemia de gripe. Mi abuelo paterno falleció tres años después a consecuencia de la caída de un caballo muy nervioso que tenía y que se espantó al aparecérsele en una curva de la carretera vieja uno de los primeros automóviles que circulaban por aquellos parajes. Mi padre, bastante joven todavía, quedó al cargo de dos hermanos menores. Era aparcero en La Solana, una finca de don Salustiano Ventura, uno de los más ricos terratenientes de la provincia de Huelva.

Mi abuelo materno era molinero. Lo recuerdo con una gran boina, un puro en la boca y un mandil blanco. La boina negra y las grandes cejas que se proyectaban sobre los ojos como marquesinas, siempre estaban enharinadas como si fueran a freírlas. Tenía una nariz aquilina y una mirada penetrante. Era dueño de una aceña cercana al pueblo, situada en un lugar donde la Rivera se estrecha haciendo más fuerte la corriente. Aunque hace muchos años que está en ruinas, todavía la conocen como El Molino del Tío Lechuzo, que éste es el mote que mi abuelo heredó de sus antepasados junto con el molino; pero a pesar del abolengo de tal apodo mi abuelo lo odiaba tanto que no se sabía en el pueblo de ningún valiente que se atreviera a dirigirse a él por tal apelativo. El olivar y la huerta contiguos también pertenecieron a mi abuelo. Un poco aguas arriba del molino hay un antiquísimo puente de piedra al que todos llaman *el Puente Romano*, aunque don Tomás, un cura párroco que hubo en mi pueblo, siempre decía que no era romano, sino medieval.

Mi abuela materna era muy beata. La recuerdo siempre camino de la iglesia con el velo puesto, el rosario en la mano derecha y el reclinatorio en la izquierda. En mi pueblo las feligresas asiduas, por lo general pudientes, acudían a misas y rosarios con su propio reclinatorio. Los bancos de la iglesia no me parece que fueran tan incómodos, pero el reclinatorio propio era más un símbolo de alcurnia que un instrumento de comodidad y aun entre las que lo usaban había sus diferencias, pues los de las muy ricas eran transportados por alguna doméstica, mientras las demás cargaban ellas mismas con el adminículo o, si vivían lejos, lo dejaban en la sacristía. Mi pobre abuela no pertenecía ni mucho menos a la oligarquía ni intimaba con aquellas señoras más allá de la asistencia a los oficios religiosos, pero el hecho de ser cofrade de *las señoritas* le daba ciertas ínfulas.

Mi padre, como labrador modesto, necesitaba convertir en harina al menos parte del trigo que cosechaba, pues entonces todos los que vivían en el campo cocían su propio pan y se servían de las

panaderías solamente los que, no siendo agricultores, ejercían sus oficios en los pueblos: los llama-
dos *artistas*; por eso necesitaba acudir de vez en
cuando a los servicios de molienda de mi abuelo.

La presencia de mi padre, no mal parecido,
responsable de su familia y de su hacienda a la
edad en que otros dependían de sus progenitores,
siempre montado en buen caballo y haciendo tra-
tos de igual a igual con gente más vieja y más aco-
modada, parece que encandiló a la que después
sería mi madre, hija única del Tío Lechuzo, la cual
empezaría a hacerse visible cuando mi padre llegaba al molino y a insinuarse con la sutileza innata
que para estas cosas tienen las mujeres. Por lo que
se deduce de dos retratos (me gusta usar la palabra
clásica para referirme a las fotos antiguas) que vi
de mi madre cuando todavía era joven, guapa y
buena moza, supongo que mi padre no tardaría en
caer en la red. Empezarían a verse furtivamente
con las dificultades que esto implica en una sociedad tan cerrada y chismosa. Mis abuelos se en-
teraron, como no podía ser menos, y se opusieron
rotundamente a aquellas relaciones de su hija, una
chica de clase media, con un campesino pobre que
labraba tierra ajena. Mi padre tuvo que llevar el
trigo a otro molino distante seis leguas, que con los
medios primitivos de transporte de aquellos tiempos sería una verdadera tortura. Como suele suce-

der en estos casos, las prohibiciones fueron contra-
producentes y mi madre le prometió a mi padre
que se casaría con él por las buenas o por las malas. Era consciente de que don Tomás, el párroco,
no la casaría nunca contra la voluntad de sus padres y ningún otro cura se complicaría la vida
uniéndolos clandestinamente, por lo que la única
solución era fugarse con el novio, pero, aunque no
tan devota como mi abuela, era católica practicante
y no estaba dispuesta a vivir en pecado con él, así
es que la pobre no sabía qué hacer.

Mi abuela tenía una hermana casada y con dos
hijas en Trigueros, cerca de Huelva. Mi madre solicitó irse una temporada con las primas, a lo que
mis abuelos consintieron de buena gana, pensando
que el cambio de ambiente contribuiría a que se
distrajera del capricho amoroso. Mi padre se des-
plazaba siempre que podía a Trigueros, donde con
la ayuda de las primas, podía verse con mi madre
con relativa libertad. Allí, no sé si motu proprio o
asesorada por sus cómplices, concibió mi madre la
única solución posible a su problema amoroso: Un
sábado del año 1929 mi madre y sus dos primas
pidieron permiso para ir a Huelva al día siguiente.
Se levantaron temprano con la idea de llegar a
tiempo de oír misa mayor en la Parroquia de San
Pedro Apóstol. Casi media hora antes de que empezara la misa ya estaba mi padre paseando por la

bonita plaza que se extiende delante del templo. Llegaron mi madre y sus dos primas, subieron los cuatro la escalinata, atravesaron el atrio y penetraron en la iglesia, colocándose en la primera fila, cada una de las primas a un lado de la pareja. Cuando, en el curso de la misa, el arcipreste se volvió para bendecir la grey, mis padres se tomaron de la mano y se aceptaron mutuamente como esposos en voz lo suficientemente alta como para que los oyera el oficiante y, desde luego, las dos primas. Su Paternidad los miró, arqueó las cejas en un gesto de asombro y continuó celebrando como si nada hubiera pasado.

Como puede suponerse, este casamiento sorpresivo causó una grave reacción en cadena. La hermana de mi abuela le contó a su marido la travesura en la que habían participado sus hijas y éste, conocido como *Vinagre* no precisamente por la dulzura de su carácter, calentó la cara y las costillas de sus herederas y les prohibió salir de casa durante todo un año. Después reprendió a la cónyuge por su supuesta tolerancia con las niñas, que había dado lugar a esta incómoda situación y le ordenó que fuera personalmente a mi pueblo a dar la infausta noticia y hacer patente que no tuvo arte ni parte en tamaño desaguisado.

Mi abuela se desmayó y mi abuelo juró que no vería más a su hija. Ella al día siguiente bien temprano, evitando encontrarse con la gente, se fue directamente a la casa de don Tomás, el párroco. Éste, al verla tan angustiada, disimuló la contrariedad que le producía que una feligresa le trajera problemas a la casa en vez de acudir a la sacristía, preguntó el motivo de la visita y quedó estupefacto cuando mi abuela le dijo que quería saber cómo se podría anular un matrimonio. Don Tomás, que ya iba sospechando algo, le ofreció una silla y él se sentó en otra mientras le decía con voz suave: «Vamos a ver, Manuela: Para la Santa Madre Iglesia el matrimonio es un sacramento, es decir que los que se casan quedan unidos por Dios y lo que Dios une no puede separarlo el hombre. A no ser que no se haya consumado el sacramento, en cuyo caso no habría que anular nada porque nada hay».

Mi abuela le dio al párroco más detalles y éste levantó el dedo índice en actitud doctrinante mientras decía: «Si los contrayentes están bautizados, son mayores de edad y gozan de plenas facultades mentales; si se aceptan uno al otro libremente como marido y mujer y hay testigos de dicho consentimiento, el matrimonio puede que no sea legal, pero desde luego es válido. Por lo que me dices, asistieron al acto tus dos sobrinas y el párroco de San Pedro». «Pero don Tomás — respondió mi abuela — ese párroco fue sorprendido, fue engañado. ¿Cómo va a ser válido el casamiento si el se-

ñor cura no tenía intención de casarlos?». Don Tomás prosiguió pacientemente: «Mira, Manuela: el
sacramento del matrimonio no lo confiere el sacerdote, sino los mismos contrayentes. El sacerdote
que asiste a la celebración es, en nombre de la Iglesia, sólo un testigo de que el sacramento se ha realizado. De todas formas, cálmate y vete a casa, que
mañana tengo que ir a Huelva y aprovecharé para
llegarme a la Parroquia Mayor de San Pedro Apóstol y consultar este asunto con el párroco».

Mi abuela salió de la casa de don Tomás si cabe más preocupada que cuando entró. El siguiente
día por la tarde ya estaba preguntando si había llegado el párroco, pero el ama le dijo que don Tomás
pernoctaría en Huelva y llegaría el viernes en la
camioneta de las diez de la mañana.

Cuando don Tomás llegó a su casa ya estaba
mi abuela esperándolo. El cura, todavía de pie, con
la teja encasquetada y el maletín en la mano, miró a
mi abuela, movió negativamente la cabeza y dijo:
«Manuela, lo siento pero estos muchachos han sabido hacer muy bien las cosas: Fueron a la sacristía
y el párroco, que por ser también arcipreste tiene
jurisdicción sobre nuestra parroquia, reconoció
que había sido testigo del casamiento. Pagaron los
derechos eclesiásticos, recibieron el certificado de
matrimonio debidamente autenticado, se inscri-

bieron en el registro civil y ahora están legalmente casados a todos los efectos».

Nunca se había atrevido mi abuela a levantarle la voz a su párroco, pero esta vez se la hubiera levantado al mismísimo Papa. Dijo que ya ni los curas respetaban la voluntad de los padres, que qué clase de párroco era aquél que no tenía bemoles para enfrentarse a unos mozalbetes que le tomaron el pelo, que si el oficiante o testigo o lo que fuera en vez de ser párroco mayor, arcipreste, vicario o lo que fuera hubiera sido un curita de aldea, bien que hubieran anulado aquel casamiento pecaminoso, etc. etc. Don Tomás la hizo sentar en un cómodo sofá que tenía en la sala, le pidió al ama que hiciera una taza de tila y trató de consolarla lo mejor que pudo.

Muchos años después, ya muertos mis abuelos, me contó mi madre que los matrimonios por sorpresa no eran reconocidos por la Iglesia desde que el Papa Pío X lo promulgó en un decreto de 1907, cosa que ella y mi padre ignoraban, pero que sabía muy bien don Tomás. El verdadero motivo de la visita del prudente párroco al arcipreste fue tratar de convencer a su reverencia de que sería mejor autorizar aquel matrimonio que los contrayentes creían válido para evitar que vivieran en pecado. El arcipreste aceptó y por eso mis padres quedaron casados. ¡Si mi abuela llega a saber que don

Tomás fue cómplice del casamiento de su hija con mi padre, lo mata!

Mientras tanto los recién casados, con su certificado de matrimonio en el bolsillo, estuvieron unos días alojados en casa de unos parientes que tenía mi padre en Valverde del Camino y después se fueron a la vivienda de mi padre en La Solana, la finca de don Salustiano Ventura, donde, como dije, era aparcero. La Solana era una finca enorme con un cortijo amplio, blanqueado y cómodo, pero mi padre labraba una pequeña parte, un rincón de la finca, una suerte, como se le llama por allí. Sobre un cerrito había tres cabañas de piedra sin labrar, techada una de ellas con pizarra y las otras dos con bálago. Aquellas rústicas viviendas, hechas tal vez por mi abuelo paterno o por alguien anterior a él, ni nombre propio tenían y todos se referían a ellas como *Las Casillas*. Allí vivía mi padre con sus dos hermanos menores, allí se llevó a mi madre y allí viví yo parte de mi infancia. De mis años en Las Casillas no recuerdo casi nada, pero cada vez que he visitado las ruinas que quedaron después de dejarlas nosotros, me maravillo de cuánto debió querer mi madre a mi padre para dejar la comodidad de la excelente casa de dos plantas de mis abuelos para meterse en tales chozas perdidas en la soledad de aquellos campos.

Pronto mi madre quedó embarazada y mientras más aumentaba el volumen de su vientre, más vehementes eran los ruegos de los amigos de mis abuelos para que aceptaran el hecho consumado y no permitieran que su hija pariera en mitad de aquellos montes. Los parientes de mi padre que vivían en Valverde del Camino ya le habían ofrecido su casa para que mi madre diera a luz, pero no fue necesario porque las súplicas de vecinos y allegados y sobre todo las amonestaciones de don Tomás, que como buen rabadán de Jesucristo, pastoreaba eficientemente las almas de aquel rebaño, ablandaron por fin el corazón de mi abuela; ésta se encargó de descabalgar de su orgullo a mi abuelo y ambos aceptaron el regreso de su hija, por lo que me libré de haber nacido valverdeño.

Una tarde de primavera don Tomás ordenó a Curro, el sacristán, que al día siguiente bien temprano le tuviera aparejada la mula. Curro le preguntó si él lo acompañaría, a lo que el prudente párroco se negó, por conocer la falta de discreción de su acólito.

La del alba sería cuando don Tomás salió de mi pueblo por la carretera vieja, caballero en mula torda, sin lanza y sin escudero, pero dispuesto a desfacer un gran tuerto. Al llegar a la fuente del Quejigo tomó un carril que partía hacia la izquierda. Allí debió toparse con alguno de los guardas de los cortijos cercanos, que a esa hora solían traer al pueblo en un serón a lomos de alguna bestia productos vegetales o cántaras de leche. Siempre que un campesino veía al cura se quitaba la boina antes de cruzarse con él y le decía mientras inclinaba la cabeza: *Vayuhté con Dioh, don Tomah*. Don Tomás, sin despojarse de la teja, levantaba a la altura de los ojos los dedos de bendecir mientras contestaba: *Que Él te guarde, hijo*. Después vadearía el regajo de Cantarranas y, en vez de continuar por el camino que iba directamente al cortijo de La Solana, se desviaría por una veredita estrecha hasta la loma de la Atalaya y debió bajar a campo traviesa por unos rastrojos desde donde ya se veían Las Casillas.

El sol empezaba a subir por detrás de la Atalaya cuando Canelo, el mastín criado por mi padre desde cachorrito, adormilado al calor del tuero que ardía en la cocina, se levantó de un salto y salió ladrando furiosamente. Mi madre, que estaba preparando unas migas para el almuerzo, (en aquellos años todavía no había llegado por allí la palabra *desayuno*) salió alertada por los ladridos y vio a contraluz la silueta de alguien que se acercaba en una acémila. Canelo avanzó hacia el visitante sin dejar de ladrar. Mi madre no reconoció al cura hasta que éste dio voces para que amarraran al perro, cosa que hizo, pasmada de ver en la puerta de su humilde vivienda a don Tomás en persona. Corrió a besarle la mano, ató la mula a una argolla que había junto a la puerta y lo invitó a pasar, ofreciéndole una banqueta de encina, que era el mejor asiento que tenía. Don Tomás reparó en el tamaño de su abdomen y le preguntó para cuándo esperaba que aumentaría la familia. Mi madre dijo que aproximadamente en un mes. El buen párroco le comunicó el deseo de mis abuelos de que diera a luz en la casa del pueblo con la asistencia adecuada. No mencionó, desde luego, el trabajo que le había costado conseguirlo. Mi madre se secó las lágrimas con una punta del delantal y dijo: —«¡Ay, don Tomás! ¡Y lo han puesto a usted en este trabajo por mi culpa! Bien sabe Dios que nada deseo más en el mundo que el perdón de mis padres, pero no sé qué pensará mi marido. Si usted no tuviera mucha prisa y quisiera esperarlo... Está trabajando en el campo con sus dos hermanos y no tardará en llegar. Y, si le gustan las migas, puede acompañarnos a comer».

Pronto llegaron mi padre y uno de mis tíos. El otro quedó guardando unos cochinos que tenían a prado. Mi padre y su hermano besaron la mano a don Tomás y mi tío, incómodo ante la presencia del cura, dijo que iba a ayudar a su hermano y que luego vendría a comer. Mi madre colocó la sartén directamente sobre una rústica mesa de pino y, aunque la costumbre era que todos comieran en el mismo recipiente, le sirvió a don Tomás aparte en el mejor plato que tenía. Luego sacó dos tazas de barro y una jarra del vino que mi padre producía artesanalmente, gracias a una viñita que había plantado unos años atrás. Don Tomás, que tenía sus ribetes de demagogo, le devolvió a mi madre el plato mientras decía: «No te molestes, mujer, que yo me siento más a gusto comiendo en la sartén con vosotros».

Después bendijo la mesa y entre cucharada y cucharada le repitió a mi padre el mensaje de paz de que era portador. Mi madre callaba y disimuladamente echaba para el lado de don Tomás los mejores pedazos de tocino y pimientos fritos que iban saliendo entre las migas. Mi padre tardó tres o cuatro bocados de migas y un par de tragos de vino en contestar. Por fin, con los ojos ausentes fijos en la sartén, empezó diciendo que agradecía los buenos oficios del clérigo y el ofrecimiento de sus suegros, pero que ya había apalabrado con unos primos el uso de una casa que tenían en Valverde y los servicios de una partera.

«Pues mira, hijo — respondió don Tomás como si ignorara el motivo de la decisión de mi padre — no creo que en Valverde haya mejores comadronas que la Anastasia. Hasta de Calañas y de Zalamea la llaman para partear».

Por fin, después de muchos razonamientos y circunloquios dignos de los mejores diplomáticos de carrera, logró don Tomás que mi padre aceptara el armisticio, en vista de que mi madre lo deseaba y mis abuelos ya habían envainado las espadas.

Una semana después, bien temprano, llegaban mi madre y mi padre, ella a lomos de una mula muy mansa y él sobre su caballo, a la casa de don Tomás, en cuya cuadra dejó mi padre su cabalgadura para continuar, mi madre en la mula y mi padre y don Tomás a pie, hasta la casa de mis abuelos. Las vecinas los veían pasar desde detrás de los visillos y cuchicheaban. Ya mi abuela los estaba esperando y hubo lágrimas, abrazos y besos. El cura preguntó por mi abuelo y mi abuela dijo que tenía un compromiso en el molino y que vendría por la tarde. Bien sabía mi padre que porque su suegro faltara del molino un par de horas no se dejaría de moler el trigo, por lo que estaba un poco mosca. Don Tomás dispuso que madre, hija y yerno fueran al templo a dar gracias a Dios. A lo largo de la calle de mi abuela iban saliendo las mujeres profiriendo saludos y parabienes; luego, atraídos por la bulla, se fueron agregando los chavales y hasta algunos hombres y cuando llegaron a la puerta de la iglesia casi la mitad del pueblo se había unido al cortejo. Mi madre me decía que no había pasado una vergüenza más grande en toda su vida. Menos mal que a don Tomás no se le ocurrió organizar un rosario o una bendición con el Santísimo, quizá porque ya era casi la hora de comer. Se limitó a rezar unas cuantas oraciones y después los curiosos se dispersaron mientras mis padres y abuela, acompañados del párroco, que estaba invitado a *merendar*, como se decía entonces, regresaron a casa.

Afortunadamente la ausencia de mi abuelo de semejante espectáculo no significó que rechazara a su hija. Simplemente no quería publicidad de su arrepentimiento y cuando llegó a casa por la noche abrazó y besó a mi madre e incluso se secó alguna lágrima furtiva sin que lo viera don Tomás, que se había ido a su casa, ni mi padre, que ya estaba en Las Casillas.

Parece ser que a partir de entonces las relaciones entre mis padres y mis abuelos se fueron normalizando, sobre todo después de 1930, año de mi nacimiento. Mis abuelos maternos siempre fueron muy cariñosos conmigo, lo que me hace pensar que mi existencia contribuiría mucho a su reconciliación con mis padres. Al principio mi madre y yo pasábamos largas temporadas en la casa de mis abuelos. Después mi madre estaba casi siempre en el campo por atender a mi padre y sus hermanos.

II

BARBARIES

El año 1933 nació mi hermana y cuando fuimos creciendo, sobre todo cuando empezamos a ir a la escuela, pasábamos más tiempo con mis abuelos que con mis padres.

Por entonces la situación política en España estaba sumamente agitada. El mismo año en que yo nací, el dictador Miguel Primo de Rivera fue destituido por el rey, los republicanos se pusieron de acuerdo para derrocar la monarquía y hubo una sublevación militar en Jaca, que fue reprimida. Cuando yo tenía un año se celebraron elecciones municipales, que ganaron en todas las ciudades importantes los republicanos; el rey salió de España y un gobierno provisional tomó el poder. Ese mismo año quemaron varios conventos en Andalucía y en otras regiones y Manuel Azaña fue nombrado primer ministro. Cuando yo tenía dos años aprobaron una legislación anticlerical, prohibieron la Compañía de Jesús y fracasó la sublevación del general Sanjurjo en Sevilla.

Uno de los partidos políticos que más simpatizantes tenía, sobre todo entre los desheredados, era el de los socialistas. En mi pueblo había una célula, a la que se afilió mi padre. Esto enfrió algo sus relaciones con mi abuelo que, aunque neutral en apariencia, quizá por mantener en el molino una clientela variopinta, siempre se inclinó por la *gente de orden*.

En Febrero del año 1936, cuando yo tenía seis años, ganó el Frente Popular la mayoría de los escaños en las Cortes. Después declararon ilegal a la Falange, aumentaron las algaradas populares y la gente de derechas acusaba continuamente al gobierno por su incapacidad para mantener el orden. Por los campos merodeaban patrullas de gente armada que saqueaban los cortijos y se adueñaban de las fincas improductivas para expropiarlas y cultivarlas. Se rumoreaba que andaban quemando las iglesias y los conventos y matando a los curas, frailes y monjas.

A mi pueblo llegaron un día unos milicianos que, ayudados por algunos vecinos, entraron en la casa de don Tomás armados de escopetas, pistolas, hoces y navajas. Se lo llevaron junto con el ama a la Plaza Mayor y, después de darles a cada uno un tiro en la sien, los colgaron juntos de una farola y les amarraron al cuello un pedazo de cartón que decía: *El farsante y su querida*. Cuando mataron a don

Tomás tenía más de setenta años de edad y el ama no creo que tuviera menos. Luego sacaron todas las imágenes de la iglesia parroquial para quemarlas y no le prendieron fuego al templo porque algunos de los vecinos los convencieron de que un edificio tan grande podría ser útil más adelante para montar una escuela o un taller para los obreros.

Al día siguiente se organizaron en partidas para buscar a los señoritos que habían huido a los campos. Tres milicianos de una de estas partidas que llegó a La Solana fueron hasta Las Casillas, y, viendo la humildad de aquella vivienda, saludaron con el puño en alto, llamaron camarada a mi padre, que estaba solo, y le preguntaron si sabía dónde estaban escondidos los señoritos, que los andaban buscando para darles su merecido. Pidieron agua de beber y mi padre, al verlos armados y violentos, les ofreció una taza de vino a cada uno, diciéndoles que él, como bien se podía ver, era un trabajador y que si creían que en su casa podría haber algún señorito escondido, eran libres de registrarla. Se fueron sin ocasionar ningún problema.

Luego se supo que en La Solana, después de buscar a los dueños infructuosamente, encerraron en un cuarto a los habitantes del cortijo para que no les impidieran saquearlo y descubrieron entre ellos a un hijo de don Salustiano de quince o dieciséis años que era algo retrasado mental y enfermi-

zo y pasaba temporadas en el campo por prescrip-
ción facultativa. La guardesa, que lo había cuidado
todos los veranos desde que era chiquito, se puso
delante de él cuando vio que uno de los milicianos
sacó una pistola. Éste la mató a ella primero y al
muchacho después. El guarda se abalanzó sobre el
asesino y recibió un tiro en el pecho. Las dos hijas
adolescentes de los guardas y cuatro o cinco gañanes que presenciaron la escena quedaron petrifi-
cados de miedo en un rincón, con los ojos desorbi-
tados fijos en el suelo, que se iba convirtiendo poco
a poco en un charco rojo. Después los milicianos se
llevaron el ganado, las herramientas de labranza y
todo lo que pudieron.

Mis dos tíos ese día estaban arando y no se en-
teraron de nada.

Mi madre, mi abuela, mi hermana y yo estábamos en el pueblo y dejamos la casa grande para
refugiarnos en el molino con mi abuelo. Mi abuela y
mi madre se pusieron las ropas más viejas y re-
mendadas que encontraron y todos nos embadur-
namos de harina para que, si llegaban, vieran que
no éramos una familia de señoritos, sino de obreros.

El 13 de Julio de ese mismo año asesinaron a
Calvo Sotelo y entre el 17 y el 20 del mismo mes se
sublevaron los militares, primero en África y luego

en la Península. Poco tiempo después de *estallar el Movimiento* llegó a Huelva procedente de Marruecos la columna Castejón, que fue avanzando por toda la provincia de Sur a Norte. A mi pueblo entraron primero los Regulares, tropas marroquíes con oficialidad española que, junto con la Legión, usaban los sublevados como fuerza de choque. Los moros hicieron muchas barbaridades. Dicen que en Marruecos hubo viejos, veteranos de la rebelión de Abd el Krim, que mandaban a sus hijos a alistarse a los Regulares contentos de que vinieran a España a matar españoles.

Mis abuelos enterraron debajo de un olivo una lata con el dinero que había en casa y escondieron en el pajar algunas cosas de valor. Luego nos enviaron a mi madre, a mi hermana y a mí a Las Casillas, pensando que allí estaríamos más seguros por ser un lugar apartado. Los moros desvalijaron nuestra casa del pueblo y cuando llegaron al molino amarraron a los dos viejos y les pegaron para que dijeran dónde tenían *los relós*. Decía mi abuelo que lo que más les interesaba eran los relojes y que cuando se topaban con un despertador de aquellos grandotes que había antes, hacían más fiestas que si hubieran encontrado una saboneta de oro. Por fin siguieron hacia la sierra, donde los mineros les hicieron una feroz resistencia y, aunque mis abuelos quedaron golpeados y saqueados, al menos salvaron la vida. A Las Casillas, afortunadamente, no llegaron.

Detrás de los moros llegaron los legionarios y poco después, los falangistas, más peligrosos que moros y legionarios juntos. Incautaron algunas casas del pueblo que usaban como cárceles, en las que encerraron a más de la mitad de la población, y empezaron los juicios sumarísimos. Bastaba que cualquier persona de derechas acusara a alguien, para darle pasaporte al otro mundo sin más preámbulos. Algunos huyeron, pero el dilema era que los que huían se estaban inculpando involuntariamente por el mero hecho de huir. Nadie de mi familia se fue del pueblo. Mi madre, mi hermana y yo permanecimos con mis abuelos. Mi padre no se movió de Las Casillas, por si acaso al verlo alguien recordaba que estuvo afiliado al Partido Socialista. Vana precaución, porque una de las primeras cosas que hicieron los falangistas fue apoderarse de los archivos de los partidos de izquierdas y buscar y encerrar a todos los que aparecían afiliados.

Una mañana muy temprano venía mi padre de la zahúrda, de echarle de comer a los cerdos, cuando oyó ladrar rabiosamente a Canelo. Después sonó un tiro y Canelo no ladró más. En la puerta de la casa había cuatro hombres a caballo, con camisas azules, botas de montar y sendas pistolas en las manos. Uno de ellos era el hijo mayor de don Alfonso, el boticario. Los otros tres no eran del pueblo. Mi padre les dio los buenos días y ninguno contestó. Uno de los forasteros bajó del caballo y esposó a mi padre. Mi padre miró al hijo del boticario diciéndole: «Hombre, Clemente, tú me conoces y sabes que yo no he hecho nada malo. ¿De qué se me acusa?». El interpelado contestó: «Eso ya te lo dirán en el pueblo»

A continuación el falangista preguntó dónde estaban mis tíos. Mi padre le dijo que estaban gradeando una estacada. «¿Qué estacada?». Mi padre, con las manos esposadas a la espalda, señaló con la barbilla: «La que plantó hace tres años el tío Gorriato detrás de aquella loma».

El hijo del boticario y dos de los forasteros fueron a buscar a mis tíos y antes de media hora ya los traían esposados.

Todavía no era mediodía cuando entraron en el pueblo mi padre y mis dos tíos a pie, esposados y atados con una soga, seguidos por los cuatro falangistas a caballo. Las mujeres los observaban desde detrás de los visillos con la misma curiosidad que cuando, siete años antes, llegaba yo en el vientre de mi madre, en compañía de mi padre y don Tomás.

Cuando mi madre se enteró de que mi padre estaba preso trató de verlo, pero el miedo era tan grande, que mis abuelos no la dejaron ir temiendo que la encerraran a ella también. Ante la desesperación de mi madre, mi abuelo le dijo que iría él, que por ser viejo y estar mejor relacionado con los señoritos, estaría más seguro. Mi abuela dijo que ella había sido por muchos años compañera de rezos de las esposas de todos los que ahora mandaban en el pueblo y que, como mujer que era, tendría menos peligro, por lo que se consideraba la persona indicada para intentar que lo soltaran, junto con sus dos hermanos.

Los domingos por la tarde decía misa un cura que venía en el sidecar de una moto conducida por un falangista. La escasez de clérigos hacía que este cura tuviera asignados cada domingo cuatro pueblos y el nuestro era el tercero, por eso llegaba por la tarde. La iglesia seguía casi tan destartalada como cuando la dejaron los milicianos que quisieron quemarla. Este cura provisional se limitaba a decir misa y salir en seguida al próximo pueblo. Ni se molestaba en mandar tocar las campanas. Claro que tampoco se necesitaba, porque el ruido de la moto era suficiente aviso para la feligresía.

A mi padre lo detuvieron un sábado y al día siguiente, a la salida de misa, mi abuela se acercó a doña Amelia, la esposa de un terrateniente vinculado con la Falange que había sido nombrado alcalde. Doña Amelia, de pie en la acera, tratando de que la entrevista fuera breve, le dijo que hablaría con su marido, pero que creía que no podría hacer nada porque, con toda franqueza, siempre lo estaba oyendo quejarse de que en el pueblo mandaban los forasteros y de que él era una marioneta del Delegado del Movimiento y de la Falange. Doña Amelia, quizá para quitársela de encima, le aconsejó a mi abuela que hablara con doña Engracia, la esposa de don Salustiano Ventura, ya que mi padre y sus hermanos y también el padre de ellos habían sido aparceros de él por muchos años y don Salustiano tenía un cargo importante a nivel provincial y podría influir en los jefes de Huelva.

La casa solariega de Don Salustiano y su señora estaba en La Palma del Condado y mi abuela solamente conocía a doña Engracia de vista, pero movida por la angustia de su hija y por la perspectiva de que sus nietos quedaran huérfanos, solicitó un salvoconducto diciendo que tenía que ver a un familiar enfermo, se lo dieron y partió al día siguiente para La Palma. La casa de don Salustiano era un verdadero palacio y aunque había sido saqueada por las *turbas marxistas*, todavía conservaba su empaque señorial. La recibió una criada con uniforme y cofia que la hizo pasar a una salita, indagó quién era y qué quería y le dijo que esperara. A los diez minutos se presentó la dueña de la casa, toda enlutada y ojerosa. Mi abuela se levantó al verla, le expuso el motivo de su visita y la augusta matrona le contestó secamente: «Si su yerno no ha hecho nada, como usted dice, nada tiene que temer y si algo ha hecho, bien encerrado está».

Cuando mi abuela apeló a la caridad cristiana e insistió sobre la posibilidad de que quedaran dos niños inocentes sin padre pudiendo ella o su marido evitarlo con una simple llamada telefónica o un telegrama, doña Engracia respondió: «Mire, señora: Hay cosas que usted quizá no sepa, pero yo sí. Su yerno fue detenido por pertenecer a uno de esos partidos políticos que quieren entregar España a los comunistas rusos. Si sólo fuera eso y él manifestara que fue engañado por esos ateos como lo han sido muchos otros y demostrara su arrepentimiento, yo le aseguro a usted que iría personalmente a hablar con quien fuera para que sus nietos no queden desamparados, pero uno de esos miserables que mataron a mi pobre hijo y a los guardas de La Solana fue detenido y confesó antes de que lo ajusticiaran que ese día él y sus compinches estuvieron bebiendo vino con su yerno en Las Casillas. Así nos pagaba los muchos años que llevaba mi esposo cediéndole parte de nuestra finca para que la trabajara en aparcería».

Doña Engracia sacó un pañolito de encaje y se secó discretamente unas lágrimas mientras decía compungida: «¿Cómo quiere usted, señora, que aboguemos mi marido y yo por una persona que estuvo emborrachándose con los asesinos de nuestro hijo el mismo día del crimen?».

Mi abuela dijo que debía haber algún error, que mi padre no podía haber hecho eso. Después comprendió que no tenía nada que hacer allí, musitó algunas palabras de disculpa y salió de aquella casa más triste que cuando entró.

Al llegar mi abuela al pueblo, mi madre le preguntó ansiosa qué había pasado y ella le balbuceó algunas mentiras piadosas para que no se desesperara. A mi abuelo sí le dijo la verdad, haciéndole prometer que no le diría nada a mi madre.

El tribunal que se formó con los más prominentes representantes de la *gente de orden*, bien supervisado por la Falange, se iba deshaciendo día a día de los presos que abarrotaban las improvisadas cárceles, entre otros motivos, porque ya iban escaseando las raciones y ¿para qué malgastar comida en quienes pronto no la necesitarían? Cada tres o cuatro días salía un camión grande y destartalado, requisado no se sabía dónde, llevando diez o doce presos con causas menores para entregarlos en Huelva a los militares, pero con más frecuencia salía el mismo camión cargado con los reos más *peligrosos* para fusilarlos en las tapias del cementerio. Al enterrador del pueblo lo tuvieron tan atareado haciendo fosas comunes, que a los pocos días enfermó, pues — como decía él — «una cosa es trabajar con muertos muertos y otra muy distinta es trabajar con muertos mataos». A partir de entonces los mismos condenados eran obligados a cavar sus propias tumbas.

Un día se supo que mis dos tíos fueron enviados a Huelva, lo que significaba que, de momento, se habían librado de la muerte. Mi padre permaneció en una de las cárceles del pueblo un par de días más hasta que al fin se lo llevaron también a las tapias del cementerio. Yo tenía entonces seis años y hace ya más de medio siglo que ocurrió esto, pero nunca he logrado borrar de mi mente los gritos desgarradores que daba mi madre cuando se enteró. Muchas noches me he despertado asustado soñando que oía aquellos gritos. A mi hermana y a mí nos mandaron a la cama y recuerdo que ella empezó a llorar y yo la abracé y lloré también sin saber por qué lloraba mi hermana ni por qué daba mi madre aquellos gritos, hasta que los dos nos quedamos dormidos. Desde aquel día siempre vi a mi madre vestida de negro y las ojeras que se le formaron entonces la acompañaron hasta el día de su muerte.

* * *

Poco después de *pacificada* la provincia de Huelva empezaron las partidas de maquis a merodear por la sierra de Aracena. Tuvieron varios enfrentamientos con los guardias civiles, que dejaron muertos y heridos en lugares tan cercanos a mi pueblo como Riotinto. Se hablaba en voz baja de la partida de *Cerreño*, la del *Corteganero*, que intentó asaltar Niebla, la del *Zorro*, la de *Sacaúnto*... Todo esto en plena guerra civil. Después de Abril de 1939 ya no había guerra, pero continuó habiendo maquis por mucho tiempo. En 1943 mató la Guardia Civil cerca de mi pueblo, entre Valverde del Camino y Zalamea la Real, a dos de estos forajidos que se decía pertenecieron a la partida del *Zorro*. Oficialmente no existían y, si acaso no había más remedio que mencionar alguna escaramuza, los periódicos o la radio se referían a ellos como delincuentes comunes, *bandoleros*, nunca como guerrilleros. La única información más o menos veraz se obtenía de *Radio Pirenaica*, emisora clandestina que nadie creía que emitiera desde aquella cordillera distante de mi pueblo casi mil kilómetros y unos decían que lo hacía desde la sierra de Córdoba y otros, desde un barco en alta mar. La verdad era que sus ondas venían desde mucho más lejos de lo que se creía. Se oía en riguroso secreto, puesto que escucharla constituía un grave delito.

Varios de los que fueron sacados de mi pueblo para fusilarlos en las tapias del cementerio lograron saltar del camión y evadirse y algunos de ellos, después de andar escondidos por varios años, regresaron para vengarse.

Algunos terratenientes que poseían cortijos grandes los cedían a la Guardia Civil como destacamentos. Los miembros de la Benemérita no patrullaban los campos en parejas, como siempre ha sido habitual en ellos, sino en grupos de cinco, uno de los cuales iba armado con un fusil ametrallador más conocido como *avispero*. Supongo que lo llamarían así por el tubo de revestimiento, lleno de agujeros para proteger la mano del calor que se producía en el cañón después de disparar una ráfaga. Los otros cuatro llevaban mosquetones de cerrojo. Además iban pertrechados con bombas de mano, prismáticos, etc. Había guardias civiles de paisano que llegaban a los cortijos diciendo que eran maquis, para ver el comportamiento de los campesinos. Era lo que se llamaba *la Contrapartida*. Cuando llegaba un grupo de gente armada a un cortijo, no se sabía qué hacer, porque si se le daba comida, información y todo lo que pidieran, podían ocurrir dos cosas: Que no molestaran, si eran realmente *los bandoleros*, o que te llevaran preso con pocas posibilidades de conservar la vida, si era la Contrapartida. Si te negabas a colaborar, no te molestarían si se trataba de la Contrapartida, pero podías pagarlo con la vida si se trataba de los maquis. Como es natural, los campos estaban abandonados y los agricultores no osaban asomar la nariz más allá del ejido.

Estaba claro que las partidas de forajidos no podrían sobrevivir sin el apoyo y la información suministrada por los campesinos. Encontrar pruebas de esta ayuda era una tarea dificilísima, por lo que había que olvidarse de investigaciones y ser más expeditos. Las autoridades pensaron que la única forma de acabar con el terrorismo sería usando más terrorismo. Solían detener a las personas por el simple hecho de encontrarlas andando solas por el campo. Se les daba un tiro en la nuca y luego se decía que hubo que aplicar la ley de fuga porque el sospechoso se escapaba; que se le disparó a los pies, pero la mala puntería del agente hizo que errara el tiro. Cuando los pocos labriegos que todavía quedaban en los campos vieron que los guardias civiles disparaban antes de preguntar, todos se refugiaron en los pueblos prefiriendo pasar hambre a pasar al otro mundo. Los guerrilleros se fueron extinguiendo poco a poco.

❋ ❋ ❋

De mis tíos no supimos nada hasta finales de la década de los 50, cuando mi madre se enteró de que el mayor le había escrito desde Marsella a un antiguo amigo del pueblo para pedirle un certificado de nacimiento que necesitaba para casarse. Le decía en su carta que, después de cumplir quince años en el penal del Puerto de Santa María, había emigrado a Francia y que su hermano menor había muerto en prisión de tuberculosis. Aparentemente el tremendo delito que habían cometido mis dos tíos fue ser hermanos de un ajusticiado por querer entregar España a los comunistas rusos y ser cómplice de unos asesinos genocidas. Como dirían en mi pueblo: ¡Casi na!

Mi madre le pidió al vecino las señas de mi tío para escribirle, pero mi hermana y yo, cuando lo supimos, la disuadimos de hacerlo, puesto que no quiso dirigirse a nosotros para pedir la partida de nacimiento y ni siquiera se interesó por saber cómo estábamos. Mi hermana, para evitar que mi madre le escribiera, rompió un día el papel donde estaba su dirección y nunca supimos nada más de él.

III

PAX ROMANA

Los años de la guerra fueron muy duros, pero no creo que fueran mejores los que vinieron después. Habían ganado los partidarios de una ideología opresora contra la que estaban luchando todos los países democráticos del mundo y que finalmente fue derrotada fuera de nuestras fronteras. Aunque el astuto Generalísimo se había declarado neutral, no pudo evitar la proscripción de España por los aliados y prácticamente por todo el mundo civilizado y rico. Lo que aquel gobierno entendía por derechos humanos era que los humanos anduvieran derechos. A pesar de las bravatas chulescas para consumo interno, como aquélla de *Si ellos tienen UNO* (iniciales de la ONU en inglés) *nosotros tenemos dos...*, la verdad era que los diplomáticos franquistas cabildeaban humildemente en los gobiernos de las potencias vencedoras esgrimiendo lo único que compartían con ellas: el miedo al comunismo. Por fin los Estados Unidos, a quienes desde luego interesaba más su supremacía bélica que la democracia de los españoles, les abrieron a Franco las puertas de las Naciones Unidas a cambio de unas bases militares y la economía de España empezó a mejorar.

Cuando alguien en mi pueblo se refería al año que siguió a la guerra no decía *el año 1940*, sino *el año de la hambre*. En realidad no fue uno, sino varios *años de la hambre*. La gente se metía en las fincas ajenas a robar bellotas, setas, espárragos, tagarninas, verdolagas o cualquier cosa que se pudiera masticar y no había bicho viviente, ni doméstico ni silvestre, que estuviera a salvo. Cuando acabaron con las cosas más o menos comestibles, hervían yerbas cualesquiera y se las comían, muriendo muchos con el vientre hinchado a consecuencia, según parece, del veneno que tragaban.

Se ha dicho que por aquellos años España retrocedió a la Edad Media. En algunos aspectos retrocedió mucho más, pues parece ser que antes de que los romanos generalizaran el cultivo del trigo, las bellotas fueron básicas en la alimentación de la mayor parte de la población de Hispania y dos mil años después, a pesar de haber sido relegadas a ser alimento de cerdos, las bellotas salvaron de morir de hambre a muchas familias españolas.

Todo escaseaba y estaba racionado. La *fiscalía de tasas* controlaba los precios de la mercancía de primera necesidad para evitar especulaciones por la gran demanda y esto dio lugar al *estraperlo*, que era un contrabando generalizado que burlaba el racionamiento y los precios oficiales. Recuerdo haber oído muchas veces a los agricultores hablar en voz baja con mi abuelo sobre el *Servicio Nacional del Trigo*, al que era obligatorio vender la producción de este cereal. A veces, de noche, venía al molino gente con bestias cargadas de costales de trigo que mi abuelo molía en riguroso secreto. Después llegué a la conclusión de que eran estraperlistas. Hasta 1952 hubo cartillas de racionamiento, con cupones que se les arrancaban para poder adquirir diferentes artículos de uso común, como un pan que decían que era de cebada, negro, duro y difícil de tragar. El oficio de mi abuelo nos salvó de comer aquella bazofia. Nosotros no lo pasamos tan mal porque mi abuelo tenía huerta y olivar y disponía de trigo.

Entre los artículos racionados estaba el tabaco y los que no fumaban vendían *de estraperlo* su parte. La escasez de este tósigo ayudaba a sobrevivir a muchos que se dedicaban a recoger colillas por la vía pública, con las que después fabricaban unos pitillos que vendían a precios asequibles. Como aún no se conocían los cigarros emboquillados, cada colilla llevaba restos de la saliva del que la tiró, añadiéndole un peligro adicional a los que escogían aquella forma artesanal de envenenarse.

Por si fuera poca calamidad el hambre, también eran comunes los piojos y, como la electricidad también estaba racionada y dentro de las viviendas había poca luz para cazar estos bichos, era frecuente ver a las mujeres sentadas en los umbrales de las casas despiojando a los chiquillos, lo que producía un espectáculo deprimente.

La gente, con esa tendencia tan española a los eufemismos, se refería a la plaga de piojos llamándola *miseria*. Se oía decir, por ejemplo: «Los sordao<u>h</u> vienen der frente llenito<u>h</u> de miseria». Existía en la subconsciencia colectiva la creencia de que al nombrar las cosas desagradables o peligrosas se estaban evocando y podrían llegar. Algo parecido ocurría con las culebras, a las que no se las llamaba por su nombre, sino *bichas*. Cuando falleció mi tía Felisa tardé varios años en averiguar de qué había muerto. Cada vez que preguntaba me decían que de *una cosa mala*, hasta que llegué a la conclusión de que *cosa mala* era un eufemismo de *cáncer*.

Los mendigos eran una verdadera plaga y, aunque mi abuela y mi madre siempre fueron bastante caritativas, lo más común era que a la frase hecha *una limosnita por Dios* se le respondiera con otra frase hecha: *perdone usted por Dios, hermano*, metiendo a Dios tanto en la petición como en la negativa. Además de los mendigos proliferaban humildes artesanos que ofrecían pequeños servicios domésticos. Había lañadores, estañadores, silleros, afiladores, paragüeros y un largo etcétera que, con los bártulos de su oficio sobre el lomo propio o el de algún borriquillo escuálido, recorrían los pueblos, aldeas y cortijos anunciándose con pintorescos pregones. La gente se las ingeniaba para aprovechar todo lo que caía en sus manos. Los recipientes para tomar agua o leche solían hacerlos los mismos usuarios o los lañadores itinerantes a base de latas vacías de sardinas en conserva o de leche condensada: se machacaba muy bien la parte interna del borde y luego, con la tapa que se le había quitado, se fabricaba y soldaba con estaño el asa correspondiente. Los vasos de cristal eran un lujo que pocos podían darse.

De vez en cuando llegaban los romanceros, ciegos o no, que, por si no fueran suficientes los dramas reales que cada uno sufría, iban cantando por calles y plazas con voces quejumbrosas y aflautadas tremebundas tragedias, cuyas letras vendían a perra gorda, impresas por ambas caras en unas octavillas amarillentas. También venían titiriteros, saltimbanquis, faranduleros y vendedores de toda clase de remedios contra toda clase de males. Estos buscavidas ambulantes llevaban en el rostro demacrado y en el aspecto patibulario la huella del hambre. Muchos de ellos preferían cobrar sus servicios en especie comestible, pues de poco servía el dinero donde no había qué comprar.

En los pueblos, como todo el mundo conocía perfectamente el abolengo de los demás, cada uno tenía muy bien delimitado su lugar en el estrato social que le correspondía. Existía una discriminación tradicional que se superponía, no solamente a los méritos personales que pudiera tener cada uno, sino incluso al nivel económico. Si *Periquillo el de los Palotes*, hijo de un jornalero, quería venderle unas ovejas a *don Fulano*, perteneciente a una familia de terratenientes, no podía hacer el trato en el Casino de los Señoritos, que era donde *don Fulano* normalmente trataba estas cosas. *Periquillo* sabía muy bien que no podía hacerse socio del Casino y ni siquiera entrar en él ¡aun suponiendo que tuviera más dinero que *don Fulano*! Las muchachas pobres no tenían otra forma de combatir el hambre que *ponerse a servir* en las casas acomodadas de sus pueblos o buscar trabajo de lo mismo en las capitales. Si las que servían en sus pueblos sufrían la humillación inherente a su condición social inferior, las que lo hacían en las ciudades eran objeto de abuso laboral por parte de sus *señoritas* y abuso sexual por parte de sus *señoritos*. A menudo las tenían encerradas en un estado de semiesclavitud y si las dejaban salir los domingos y fiestas de guardar era con la obligación de que oyeran misa.

Para comprobar si habían cumplido con tal precepto, la práctica común era preguntarles al regreso de qué color fue aquel día la casulla del oficiante.

La autoridad eclesiástica tenía patente de corso para irrumpir en las conciencias de los ciudadanos. La moral se imponía de forma expedita. Franco, mediante su famoso *decreto antiputas* prohibió la prostitución, haciéndola clandestina y fomentando las enfermedades venéreas. Yo vi sacar de piscinas públicas y obligar a vestirse a algunas extranjeras, ignorantes de la superdecencia española, por el grave pecado de bañarse en biquini. Después el Caudillo se llenaba la boca diciendo que España era la *reserva espiritual de Europa*. La censura en todos los medios de comunicación llegaba a extremos ridículos. No se podía ver una película extranjera sin que viniera capada de la más mínima escena *indecorosa*. Hubo cintas en las que, al doblarlas, convertían a los amantes en hermanos para no escandalizar a los espectadores, sin darse cuenta los *ultrapuros* censores de que las inevitables circunstancias del guion insinuaban un incesto, haciendo peor el remedio que la enfermedad.

Como consecuencia de aquella represión, la gente andaba obsesionada por el sexo hasta el extremo de que algunos viajaban más de mil kilómetros hasta Francia para ver películas prohibidas y comprar revistas *verdes*. Dejar sola por media hora a una pareja de novios, era suficiente motivo para que poco tiempo después empezara a crecerle a ella la barriga y a ambos la preocupación. Si alguna turista, presenciando la fiesta nacional desde las últimas gradas de cualquier plaza de toros, incómoda por el calor veraniego, se descuidaba y aireaba un poco los muslos, a los pocos minutos tenía a toda la afición masculina situada entre ella y el ruedo, más atenta a sus bragas que a las verónicas de Arruza o a los pases de pecho de Manolete.

No sé si sería porque el hambre aguza el ingenio o porque los oprimidos viven con más dignidad cachondeándose de sus opresores, la cosa es que nunca oí tantos y tan buenos chistes como durante el régimen franquista, teniendo la mayoría, como no podía ser menos, al Generalísimo de protagonista. Algunas revistas humorísticas se atrevían a criticar solapadamente al gobierno, ganándose cada vez que lo hacían el cierre de la edición, como cuando *La Codorniz* publicó: «Parte meteorológico: Reina en toda España un fresco general procedente de Galicia».

※ ※ ※

Frente a la de mis abuelos había una casa ruinosa que decían que era de unos rojos que habían huido durante la Guerra. Un verano de aquellos *años de la* _hambre_ estuvo ocupada por una familia de segadores procedentes de un pueblo de la Sierra. Los segadores eran un padre y dos hijos que vestían unas chambras raras desconocidas en mi pueblo, a los que sólo vi un par de veces porque trabajaban en el campo de sol a sol. En la casita quedaban durante el día una mujer enlutada y tres chiquillos sucios y descalzos más o menos de mi edad, con los que me prohibieron jugar porque eran unos *mocosos llenos de piojos.*

La mañana de un domingo, después de oír misa, dijo mi abuelo que iba a la huerta a traer unas lechugas y yo me empeñé en ir con él. Mi abuelo esperó a que mi madre me cambiara la ropa dominguera por otra inferior, pues decía que cuando iba a la huerta me *ponía perdío.* Ya mi abuelo había sacado las lechugas y las estaba lavando en la alberca cuando yo, que andaba persiguiendo una rana que saltaba entre la yerba, vi una pelota negra medio enterrada entre unos jaramagos. Bueno, no era una pelota; más bien tenía la forma de un huevo muy grande, con una argolla en un lado y unos tornillitos. Como pesaba mucho, pensé que aquella cosa no estaría hueca y no pude resistir la tentación de ver qué había dentro. Traté de desenroscarla, pero no pude. Tiré de la argolla y tampoco se abría. Miré alrededor y vi una piedra bastante grande, con la que podría golpearla a ver si me mostraba lo que contenía. Me parece que la explosión fue al primer golpe. No recuerdo nada más.

Mi abuelo me llevó corriendo a la casa. Yo estaba inconsciente y sangrando. En el pueblo había un médico, pero era de Huelva y los domingos se iba. La casa se llenó de vecinos que miraban impotentes cómo me desangraba.

Yo iba recuperando el conocimiento y lo primero que recuerdo es la voz cascada de la vieja que vivía enfrente, que entró gritando: «¡Quitarse, quitarse, que yo lo vi a curá!». Venía con un manojo de telarañas, con las que me envolvió la mano izquierda, de la que había perdido el índice y el pulgar, y luego me aplicó más telarañas en varias heridas que tenía en la cara y en el pecho. La hemorragia cesó. Después de un par de horas llegó don Agustín, el practicante, que abrió su botiquín portátil donde traía alcohol, yodo, gasas, esparadrapo y varios instrumentos. Al ver las telarañas frunció el ceño y ordenó quitar de las heridas *aquella basura*. Mi madre se opuso firmemente diciendo que no iba a quitarme la única cosa que me había cortado la sangre, por mucho que lo dijera don Agustín. El matasanos con ínfulas de galeno volvió a meter en el maletín los chirimbolos de su oficio y se dirigió a la puerta muy tieso mientras decía en voz alta: «¡No respondo de lo que ocurra!».

La vieja de los segadores venía todos los días a ver cómo progresaba su obra. A medida que se iba formando costra, cortaba los pedazos de piel sueltos y aplicaba más telarañas, empapadas ahora en algo pegajoso que creo que era miel. Las heridas de la cara, del pecho y de la mano derecha encarnaron pronto, pero la mano izquierda estuvo mucho tiempo hinchada, aunque no sangraba nada.

Un día vi que mi madre trató de darle dinero a mi salvadora, pero ella dio un paso atrás mientras negaba con la cabeza y decía: «¡Quituhté allá, señora! Estas cosas se hacen por caridá». Me chocó mucho aquella contestación, pues lo que yo entendía por caridad era que los que más tenían ayudaran a los que tenían menos y no al revés.

Cuando mi madre veía por la calle a los tres *mocosos*, que casi siempre jugaban solos, los llamaba en voz baja, los metía en la cocina y les ponía delante sendos platos de cocido, de gazpacho o de lo que hubiera por allí. Al principio entraban indecisos, pero después tomaron confianza. Empuñaban la cuchara de una forma rara y cuando terminaban rebañaban los residuos con un trozo de pan hasta que el plato quedaba limpio.

Terminó la siega y la familia de enfrente se fue a su pueblo. Sólo entonces mi madre me llevó al médico, aunque ya casi todo había cicatrizado. Era un hombre joven y amable que, sorprendentemente, no condenó la aplicación de las telarañas, aunque dijo que debían haberme llevado antes a su consulta para evitar la infección. Recetó algo, supongo que sulfamida o algo así, porque la penicilina era por entonces muy escasa y la poca que había la traían de contrabando y a precio de oro desde Gibraltar. Yo fui mejorando. Decían que la bomba había quedado en la huerta desde la Guerra y tendría que estar defectuosa, cuando no me mató.

El verano siguiente volvió a ocupar la casa abandonada otra familia de segadores. Éstos eran portugueses y, a pesar de que casi no se les entendía lo que decían, mi madre ya me dejaba jugar con los chiquillos y, cuando no la veían mis abuelos, cruzaba la calle llevando envuelto en el delantal una hogaza de pan o un par de morcillas.

❋ ❋ ❋

Por fin el arzobispo de Sevilla nombró un párroco y desapareció el cura que venía en el sidecar del falangista. El nuevo se llamaba don Pablo y su característica más sobresaliente era que, en vez de la clásica teja, se cubría la tonsura con una gran boina negra que usaba a guisa de solideo, pues no se desprendía de ella más que ante el Santísimo Sacramento del Altar. A mi abuelo le dijeron que durante la guerra había sido capellán castrense y siempre

usó una boina roja como los requetés, pero el arzobispo se lo prohibió al nombrarlo párroco; él sabría
por qué.

La iglesia, como ya dije, había sido saqueada
por los milicianos y la primera labor de don Pablo
fue visitar una por una las casas de los terratenientes y los escuálidos negocios de los escasos
comerciantes, pidiendo dinero para reponer la
colección de imágenes sagradas que un día fue orgullo de aquel templo. No contento con las peticio-
nes individuales, colocó junto a la pila del agua
bendita un enorme cepillo donde podía leerse en
bella caligrafía: *Para el Culto*. Como la palabra
Culto empezaba con mayúscula, como suelen escribirse los nombres propios, mi abuelo decía que el
contenido de aquella hucha iría al bolsillo de don
Pablo, que se suponía que sabía latín y podía con-
siderarse el Culto del pueblo por antonomasia.

Don Pablo nos preparó a mi hermana y a mí,
como a otros niños de nuestra edad, para la primera comunión. Era admirable su celo apostólico.
Después de decir misa se pasaba el día adoctrinan-
do a todo bicho viviente. No paraba. Por la mañana
asistíamos los niños, por la tarde asistían las mujeres y por la noche los hombres. Avisaba del inicio
de cada tanda a toque de campana. Los hombres
eran los más rebeldes, pues terminadas las faenas
del campo o los oficios a que se dedicaran, solían

dejarse arrastrar por el Demonio a la perversión del vaso y del naipe en alguna de las tres tabernas con que contaba el pueblo, en vez de purificar su alma en la sagrada doctrina. Don Pablo, encendido en santa ira, irrumpía en las pecaminosas tascas predicando a grandes voces la palabra de Dios a aquellas mentes obtusas que no querían ir al templo a recibirla. Era un cuadro esperpéntico digno del pincel de Goya o de la pluma de Valle-Inclán ver cómo quince o veinte recios campesinos se dejaban regañar e insultar, boquiabiertos y acojonados, por un curita panzudo que no resistiría ni medio sopapo del más viejo de ellos. Muchos habían escapado de milagro de la limpieza que poco antes habían hecho los falangistas y le tenían tanto miedo a la sotana y a la cruz como a la camisa azul y al *cangrejo*, como era conocido popularmente el emblema del yugo y las flechas. Poco a poco fueron abandonando la peligrosa costumbre de reunirse por las tardes a empinar el codo y empezaron a acudir al redil, con lo que dos de las tres cantinas tuvieron que cerrar por falta de parroquianos y aun la que permaneció abierta decían las malas lenguas que pudo resistir la crisis porque de allí se surtía el buen clérigo del vino de consagrar... y de trasegar.

A don Pablo le debo que todavía pueda recitar de memoria casi la mitad del catecismo Ripalda y gran parte de la Historia Sagrada; no la Biblia, claro

está, que pretender que nosotros los ignorantes supiéramos interpretar las Sagradas Escrituras era
cosa de herejes. Para eso, *doctores tiene la Iglesia*.

Mi abuelo y mi madre me enseñaron en casa a
leer, a escribir y las cuatro reglas, aunque creo que
a dividir ya aprendí en la escuela de don Telesforo,
un maestro viejecito que por entonces enseñaba en
mi pueblo. Mi hermana también empezó a recibir
clases con una maestra. Todavía faltaba mucho
para que se volviera a los colegios mixtos, en-
gendros inventados durante la República por ma-
sones y comunistas, enemigos de Dios y de España.

Pronto la iglesia parroquial recuperó e incluso
superó su antiguo esplendor y mi abuela contribu-
yó en lo que pudo a que así fuera. En 1953 se creó
la nueva diócesis de Huelva, segregándola de la de
Sevilla, y en Marzo de 1954 tomó posesión el nuevo obispo. Con tal motivo hubo grandes manifestaciones religiosas por toda la provincia y mi
abuela formó parte de la comisión que, ca-
pitaneada por don Pablo, se desplazó desde mi
pueblo a la sede episcopal para rendir pleitesía a
Su Ilustrísima. Llevaban entre otras cosas un me-
morando con los detalles de la pasión y muerte de
don Tomás, al que consideraban digno de subir a
los altares, pues dos vecinas de mi pueblo y una de
la aldea extremeña donde nació testificaban sendos
milagros atribuidos a la intervención del mártir. La

petición no prosperó y el último bienaventurado oficial tocayo del Apóstol Incrédulo sigue siendo, que yo sepa, el dominico Santo Tomás de Zumárraga, que fue asado vivo en Japón el año del Señor de 1622 por meterse donde no lo llamaban. No sé cómo Juan Pablo II, que ha batido el récord en la loable tarea de repartir aureolas, ha ignorado a nuestro querido párroco.

Mi abuela trataba de que mi madre la imitara en sus devociones, pero no consiguió que pasara de asistir a misa los domingos y fiestas de guardar.

❋ ❋ ❋

Como yo iba creciendo y en el pueblo no había para mí más porvenir que ser ayudante de molinero y esperar a que mi abuelo muriera para llegar a molinero titular, mi familia estaba preocupada por mi futuro. Mi madre le pidió a la suya que hablara con don Pablo, porque había sabido que en Sevilla algunos colegios prestigiosos de curas contaban entre sus obras caritativas la admisión gratis de alumnos pobres, para lo cual era necesario que el sacerdote dentro de cuya jurisdicción viviera el aspirante certificara que el niño en cuestión pertenecía a una familia cristiana practicante y *pobre de solemnidad*. Por cierto, nunca he podido entender qué tiene de solemne ser pobre.

Mi abuela, que por más sinsabores que le diera la vida nunca perdió su orgullo, le dijo a mi madre que nosotros no éramos pobres de solemnidad, pues, aunque poco, algo teníamos; y que no iba a pedirle a don Pablo que extendiera un certificado falso. Mi madre, sospechando que la negativa de mi abuela a que nos ayudara el párroco se debía en realidad a la vergüenza de que se supiera que su nieto había ingresado en un colegio *de caridad*, fue un día a tratar el asunto personalmente. El cura le recordó con crueldad las circunstancias en que fue ejecutado mi padre y arguyó que mi abuelo poseía casa, molino y tierras, por lo que no creía que yo calificara. Mi madre respondió que ni ella ni yo teníamos nada y en realidad éramos beneficiarios de la caridad de mis abuelos. Tanto insistió, que don Pablo accedió a darle la carta de recomendación con el famoso calificativo *pobre de solemnidad*. Cuando mi madre le besó la mano agradeciéndole el favor, él le dijo que se lo agradeciera a mi abuela, que era una de las personas que más colaboraban con la Iglesia, porque de no ser hija de ella, nunca le hubiera expedido aquel certificado.

Mi abuela refunfuñó, mi abuelo dijo que se podía haber vendido una punta de merinas que tenía a medias en lo de don Nicasio, el juez de paz, para que el niño fuera a un colegio de pago, mi madre le respondió que eso tenía que haberlo dicho antes y a fin de cuentas las aguas volvieron a su cauce y una semana después salíamos mi madre y yo, con una maletita de cartón y un canasto, en el coche de alquiler de Juan el Cosario camino de La Palma del Condado.

En La Palma subimos a un tren desvencijado con unos asientos de tiras de madera barnizada y unas bombillas como las de las casas, que tenían unos letreros bien visibles que decían *Robada a la RENFE*, para avergonzar a los que no aguantaran la tentación de trasladarlas a sus domicilios. Mi madre se sentó, pero yo permanecí de pie, asomado a la ventanilla por no perderme ni un solo detalle de aquel mundo nuevo para mí. El tren iba parando en todas las estaciones y apeaderos que encontraba. Los árboles, las viñas, los animales, los cortijos, las estaciones de los pueblos, todo lo que pasaba ante mis ojos tenía la magia de un espectáculo interminable. En algunos lugares había unos postes de hierro con unos letreros que decían *silbar*. Cuando el tren silbaba solía venir una curva y entonces yo sacaba cuanto podía la cabeza por la ventanilla para ver la locomotora. Si la curva doblaba hacia el lado contrario a mi ventanilla yo corría a la de enfrente, sin escuchar las llamadas al orden de mi madre, para no perderme el tremendo espectáculo de ver la *máquina* jadeando, resoplando y lanzando chorros de vapor y humo negro mientras arrastraba aquella hilera de pesados vagones. Dos veces tuvo mi madre que sacarme de los ojos con una punta del pañuelo los granitos de carbonilla que traía el viento. Tres veces me obligó a sentarme por temor a que me regañaran: Cuando vino un señor de uniforme y gorra pidiendo los billetes para hacerles unos agujeritos, cuando apareció otro a quien todos miraban con miedo a pesar de que iba vestido *normal* y que dijo a guisa de saludo «¡Documentación!» mientras enseñaba algo que tenía debajo de una solapa de la chaqueta y cuando la gente empezó a decir «¡Ahí vienen lo̲h̲ de abah̲-toh̲!» y dos mujeres que viajaban frente a nosotros empezaron a esconder a toda prisa unos bultos que llevaban. Después de lo que me parecieron cien gorras rojas de jefes de estación y un millón de postes eléctricos, llegamos a Sevilla. A las seis de la tarde estábamos saliendo mi madre y yo del enorme edificio de hierro de la Plaza de Armas.

Entré a un urinario público y recuerdo que me impresionó un letrero a un lado de la puerta que decía: *Cuidado con los rateros*. En aquellos tiempos proliferaban los letreros advirtiendo o prohibiendo, como consecuencia del paternalismo dictatorial del Movimiento. Algunos de ellos eran francamente repugnantes, como el muy común en trenes y tranvías que decía *Prohibido escupir en el suelo*. Cualquier extranjero que visitara España en aquellos años podría pensar que éramos gente salvaje a la que había que prohibir que escupiera dentro de los vehículos de transporte público y, aunque muy civilizados no estábamos por aquellos años, tampoco era para tanto. En varias tabernas vi por muchos años letreros diciendo *Prohibido hablar de política*. Se entiende que el dueño del establecimiento trataba de que no se lo cerrara la autoridad. Más represivo si cabe era aquél que había en algunas tascas, que decía *Prohibido el cante*. El vino desinhibe y predispone a la lírica, por eso popularmente se le llama *alpiste*, y puede ser un coñazo soportar la salmodia de un borracho, pero ¿cómo se le va a prohibir a un pueblo que las está pasando canutas, incluso el derecho a desahogarse llorando sus penas como mejor sabe, que es por medio del flamenco?

Cruzamos el puente de tablas de Chapina y, preguntando, llegamos a una casa de vecindad de la calle Alfarería, donde vivía una prima de mi padre con su marido y tres hijos. Allí dormimos aquella noche con mucha incomodidad y al día siguiente muy temprano, después de averiguar qué tranvía había que coger, salimos mi madre y yo camino del colegio. Debajo de la ventanilla de los primeros asientos del tranvía había un letrero que decía: *Reservado para caballeros mutilados de guerra*.

Ahora pienso que mi madre, vestida de riguroso luto, velo incluido, y yo, con mi ropa pueblerina y mis botas artesanales, debíamos tener una pinta de catetos impresionante.

El colegio era tan enorme que una iglesia que había adosada a la izquierda parecía una dependencia más del edificio principal y si no fuera por la altísima torre cuadrada que tenía, ni se hubiera notado que allí había una iglesia. Era como un palacio de esos que se veían en los libros. Subimos por una escalinata de mármol y entramos a un patio semicircular rodeado de columnas. La parte curva del patio era una sucesión de puertas y ventanas y sobre cada puerta había unos números romanos. Después supe que los números correspondían a los grados o las clases que se daban dentro. Por todo el patio se oía un murmullo continuo del que destacaban de vez en cuando las voces chillonas de los docentes. Mi madre se acercó a un cura joven que pasaba por allí y le informó del objeto de nuestra visita. El cura nos hizo pasar a un cuarto con un escritorio vacío y dos sillas y nos dijo que esperáramos al secretario. Llegó el secretario que, para mi sorpresa no era cura, sino un seglar con traje gris, corbata azul y gafas. Le dijo mi madre a lo que veníamos y le mostró la carta de don Pablo, una partida de nacimiento mía y un certificado de bautismo. Nos mandó salir, rodear el edificio por la derecha, bordear un campo de fútbol y subir unas escaleras de ladrillo que daban acceso a otra entrada por la parte posterior. Allí nos atendió otro secretario o lo que fuera. Este sí era cura y parece que tenía malas pulgas. Revisó los papeles, les estampó un sello y los guardó en un cajón. Luego le dio a mi madre una tarjeta en la que había firmado y puesto otro sello y nos dijo que yo debía venir la semana próxima para el examen de ingreso. Mi madre le preguntó si ya podía yo quedarme en el internado, puesto que vivíamos en un pueblo y no teníamos dónde quedarnos. El cura hizo ademán de retirarle a mi madre la tarjeta que le había dado mientras decía: «¡Ah, no, no! Los alumnos en régimen de caridad son todos externos. A usted la han informado mal. Ni en este colegio ni en ninguno. Los internos, todos pagan. Caridad, externos». Mi madre se resistía a entregar la tarjeta y le dijo que perdonara, que si no había más remedio, pues yo iría externo, que ya nos arreglaríamos. Salimos de allí, mi madre preocupada por la sorpresa de que tenía que buscarme alojamiento y yo contento, pues no me gustaba nada la idea de pasarme días y noches encerrado en aquel caserón.

Volvimos a la casa de la prima de mi padre. Mi madre le contó lo que nos dijeron en el colegio y la prima Lola, que así se llamaba, le dijo que hasta que hiciera el examen de admisión o hasta que empezaran las clases ella podría darnos alojamiento a mi madre y a mí, pero después «ya ves tú cómo estamos: como piojos entre costuras». Estaban las dos mujeres sentadas tratando de solucionar el problema cuando de pronto la prima Lola se levantó y salió por la puerta mientras decía: «Espera, que creo que tengo la solución». No habían pasado diez minutos cuando regresó sonriente diciendo que la Resu, la vecina de al lado, era casada, pero no podía tener hijos. Tenía la mejor vivienda de la casa y le sobraba espacio para alquilar un dormitorio. Le había dicho que por ella no había problema, pero que esperáramos a la noche, cuando volviera del trabajo su marido, para ver si él estaba de acuerdo. Por la noche vino la Resu, una señora regordeta y risueña, le dijo a mi madre que fuera a su casa para que hablara con su esposo y parece que acordaron condiciones y estipendio porque me llamaron para conocerme y me mostraron el cuartito que sería mi dormitorio. El marido de la Resu era también gordito, con gafas y aspecto de ser educado. Luego supe que era *escribiente* en una fábrica, lo que le daba cierta categoría en aquella vecindad de obreros.

Yo empecé a quedarme en la casa de la Resu desde aquel día y mi madre en un pequeño sofá que la prima Lola le preparaba en su vivienda. Aprobé el examen de ingreso, empecé a asistir a las clases y mi madre se fue al pueblo después de hacerme mil advertencias y darme mil consejos y pedirle a la prima Lola que me tuviera vigilado y le avisara de cualquier anomalía con un telegrama urgente, que ella se presentaría de inmediato.

Cada fin de mes llegaba mi madre, le pagaba mi alquiler a la Resu y surtía a la prima Lola de garbanzos, morcillas, queso y otros productos de la casa de mi abuelo en pago por tenerme vigilado y darme de comer. Cuando la Resu veía a mi madre bajar del taxi cargada de municiones de boca debía sentir cierta envidia, porque recuerdo que un día me dijo: «Anda, hijo, que contigo a la Lola le tocó la lotería».

En el colegio había que oír misa diariamente antes de empezar las clases. Todos teníamos callos en las rodillas. A las ocho tocaban la campana y formaban a los de pago en dobles filas en aquel patio bonito por donde pasamos mi madre y yo el primer día. Luego iban entrando ellos a la iglesia ordenadamente, por clases. Nosotros, los de caridad, también estábamos formados en dobles filas por clases desde que sonaba la campana a las ocho, pero en el campo de deportes, pues ni patio propio teníamos. Allí había que esperar todos los días a que entraran los de pago y después íbamos nosotros a ocupar las últimas bancas. Cuando llovía íbamos directamente desde las aulas a la iglesia. La iglesia era el único espacio que compartíamos con los de pago, aunque ellos delante y nosotros detrás. Ni siquiera en las competencias deportivas ni mucho menos en el recreo nos permitían estar juntos, pues ellos jugaban en su patio de recreo aparte y siempre que tenían competiciones nosotros teníamos clases. Como nuestras aulas estaban atrás, muy cerca de las instalaciones deportivas, era un martirio oír el alboroto que hacían jugadores y espectadores mientras nosotros estábamos encerrados aguantando las monsergas de algún dómine. Los días de clase eran de lunes a sábado, excepto las tardes de los jueves, que eran libres.

Los años de la niñez suelen asociarse con la inocencia y con la ternura. O hay adultos que sólo recuerdan lo bueno de la infancia o lo mío fue una excepción, pues no he visto gente más cruel que los mocosos que me tocaron de compañeros de clase. Todos pertenecían a familias pobres, incluso más pobres que la mía; todos sufrían en sus casas escaseces y humillaciones, pero el hecho de ser de *Serva la barí* y saberse todas las *tunantah* habidas y por haber, los curaba de cualquier complejo de inferioridad y para demostrarlo ¿qué mejor que tomarle el pelo de cuando en cuando a aquel catetillo recién llegado que *no ehtaba en na*? Pronto se dieron cuenta de que me faltaban dos dedos de la mano izquierda y empezaron a hacer chistes fáciles a costa de mi defecto. Unos me decían que mi mano parecía la pata de una gallina, otros me preguntaban si me la mordió el burro... Al sentirme rodeado de enemigos, siempre andaba receloso y asustado, por lo que a algún gracioso se le ocurrió apodarme *el Manco del Espanto*, parodiando el alias de Miguel de Cervantes.

Los domingos y fiestas de guardar era obligatorio asistir a misa en la iglesia del Colegio, no en otra. Nos daban unos carnés con el nombre de cada uno y un calendario de todos los domingos y días festivos del año en unas cuadrículas con un espacio en blanco. En la puerta de la iglesia colocaban un pupitre con un cura sentado que al salir de misa, sello en mano, iba estampando unas pequeñas estrellas verdes en nuestros carnés, en el espacio correspondiente a la fecha.

En aquel colegio vi por primera vez el cine en una especie de salón de actos que se conocía como El Teatro. La entrada era gratis siempre que el alumno presentara su carné con la correspondiente estrella acreditativa de haber oído misa. Las películas nos entusiasmaban, no importaba mucho la calidad ni el argumento; era la novedad de ver moverse y hablar las figuras en la pantalla. Sólo recuerdo el título de algunas. Me parece que la que más me gustó fue *El mago de Oz*. Abundaban las de temas religiosos y patrióticos, que inflamaban nuestros pechos infantiles de santidad y patriotismo. Creo que fue en *Agustina de Aragón* que se le ocurrió a un francés decir que todos los españoles éramos unos piojosos y se armó tal zipizape que tuvieron que suspender la proyección por un rato mientras los curas restituían el orden repartiendo reglazos y hostias de las que no se pueden consagrar. A mí me alcanzó una de estas últimas de tal intensidad, que me estuvo zumbando el oído izquierdo todo el día.

Cada lunes, antes de entrar en clase, también había que presentar el dichoso carné y si no aparecía la correspondiente estrellita, no podías dar clase y te daban una nota donde citaban a tu padre o pariente a cuyo cargo estabas para notificarle que habías cometido el grave pecado mortal de no oír misa el domingo. Un compañero me dijo un día que con una cuchilla de afeitar y una goma de borrar había hecho una estrellita de la misma forma y tamaño que la que estampaban los curas, pero que había buscado infructuosamente por toda Sevilla la tinta verde que ellos usaban. Entonces entendí la razón del color de las estrellitas. Mi colega, que tenía una imaginación galopante, me aseguraba muy serio que los curas tenían unos laboratorios secretos donde fabricaban, entre otras cosas, la exclusiva tinta.

Nunca supe en concreto qué diablos fue lo que yo estudié allí. Aparte de las dosis masivas de religión, impartidas por varios curas, dábamos Formación del Espíritu Nacional a cargo de un seglar alto y flaco con gafas oscuras y el yugo y las flechas en la solapa de la chaqueta. También nos enseñaban Historia de España, Gramática, Redacción, Dictado, Lectura, Caligrafía, Aritmética, Geometría, Geografía, Ciencias y algo más que no recuerdo. Había una asignatura que se llamaba Lecciones de Cosas, pero no puedo recordar de qué cosas nos daban lecciones.

Por si fuera poco el odio que nos inculcaban en las clases de Religión y de Formación del Espíritu Nacional contra judíos, protestantes, rusos, chinos y demás ralea infiel y comunista, teníamos la Historia de España, donde se nos enseñaba la gloriosa Reconquista, cuando los *españoles* luchamos por echar a los moros de nuestra tierra. (Los moros, a pesar de haber estado naciendo en la Península por más de siete siglos, nunca fueron españoles). Los ingleses eran un hatajo de piratas herejes cuyo deporte favorito fue siempre robarnos a los buenazos españoles las riquezas que los indios nos entregaban como justo pago por ayudarles a morir en gracia de Dios. Los franceses eran unos envidiosos que, dolidos por las palizas que siempre les dimos en Italia y demás, nos engañaron diciendo que iban a Portugal y cuando les abrimos generosamente las puertas nos traicionaron, pero los echamos a patadas nosotros solitos. (Para los autores de aquellos textos, el hereje Duque de Wellington y su *Peninsular War* nunca existieron). Desde entonces irse sin decir adiós es *despedirse a la francesa*. También leíamos relatos edificantes de nuestra última *Cruzada*, como el del falangista malherido que, al ver que lo estaban curando los rojos, se arrancó las vendas, pronunció la frase lapidaria *¡De vosotros ni la vida!* y murió desangrado, supongo que con dispensa eclesiástica para que su suicidio no le impidiera gozar del Paraíso. Memorizábamos diversos poemas épicos debidos a la inspiración de los vates afectos al *Movimiento*, como los titulados *Paso y triunfo del Estrecho, Sublime sacrificio del cuartel de Simancas*, uno que exaltaba la batalla de Belchite, otro que comparaba la gesta del general Moscardó con la de Guzmán el Bueno y otro que terminaba con esta curiosa ocurrencia: *...y el Cid con camisa azul / por el cielo cabalgaba.*

Los cuatro años que estuve allí siempre di las mismas materias, sólo que cambiábamos de texto, se supone que cada vez más avanzado. Yo no tenía entendimiento para relacionar mis estudios con el mercado laboral ni mucho menos para solicitar una preparación de acuerdo con mi vocación, que era más bien literaria, pues siempre me gustó más leer que hacer cuentas y ni mi pobre madre ni mis abuelos tenían conocimientos ni se creían con derecho para exigir que me dieran una preparación de tales o cuales características. Ya hacían bastante los curas con permitirme estudiar gratis en un colegio tan prestigioso.

Los pupitres eran de madera barnizada, dobles y con el sobre inclinado, excepto en la parte superior donde había una superficie plana con un hueco redondo donde se colocaba el tintero y una hendidura larga para el mango donde se insertaba la pluma. Todavía no se habían inventado los bolígrafos. Los alumnos de pago llevaban sobre la ropa un babi o guardapolvo de color café con leche mientras que el nuestro era celeste con unas rayitas azul marino como las de los presos, pero más menudas. De esta forma era fácil detectar a un alumno que estuviera merodeando por donde no debía. A pesar de eso yo a veces hablaba en la calle con algunos alumnos de pago y, cuando les preguntaba qué estudiaban ellos, me decían algo categórico, como Bachillerato, Perito Mercantil o cosas así. Un día que le pregunté a don Fausto, uno de los curas menos severos, qué cosa estudiábamos nosotros, me dijo que Cultura General. Aunque en aquellos años ningún pobre podía costearse estudios universitarios, soñar no cuesta nada y una vez que encontré de buenas a don Fausto le pregunté si con lo que nosotros estudiábamos se podía entrar en la Universidad. Don Fausto se rio y me dijo: «No, hombre, no. Para eso tienes que estudiar bachiller superior y luego aprobar la reválida». Con el tiempo llegué al convencimiento de que en aquel colegio a los *pobres de solemnidad*, como se nos exigía que fuéramos los que aprendíamos gratis, nos daban una instrucción limitada para que no pudiéramos competir con los pudientes.

Como yo soy bastante receptivo a lo que me rodea, las prédicas de aquellos clérigos calaron en mi alma todavía infantil y pronto me enrolé en varias organizaciones religiosas, como los Tarsicios, San Estanislao de Kostka y alguna otra que ahora no recuerdo. Empecé a comulgar diariamente y cuando tuve la necesidad de buscar un director espiritual me decidí por don Fausto, que era el único cura con quien podía hablar en plan más o menos amistoso. Se lo propuse y aceptó contento. Me decía que mi mayor satisfacción debía ser sufrir con paciencia las aflicciones que Dios pusiera en mi camino y ofrecérselas a Él. No contento con los dolores inevitables, me inducía a inventar sacrificios voluntarios para hacerme más puro y ser más agradable a los ojos del Señor. Llegó a proporcionarme un cilicio para disciplinarme, advirtiéndome que no debía mostrárselo a nadie, especialmente a nadie de mi familia. Con otros compañeros de devociones o solo, me pasaba horas, los brazos en cruz, rezando ante el Santísimo hasta que no podía soportar el dolor en los hombros. Mi fanatismo me llevó a extremos que ahora me asustan, como cuando salí con un grupo de ignorantes como yo, azuzados todos por las prédicas de los santos varones que nos instruían, a apedrear una capilla protestante que nos habían dicho que funcionaba clandestina en cierta casa de cierta calle.

❊   ❊   ❊

Durante las vacaciones de verano me iba al pueblo acompañado de mi colección de cuentos de Calleja y de tebeos de Jaimito, el Guerrero del Antifaz, Roberto Alcázar y Pedrín, etc. También leí durante aquellos veranos *Sandokan* de Emilio Salgari, *Robinson Crusoe* de Daniel Defoe, *La Isla del Tesoro* de Robert Stevenson y *Veinte mil leguas de viaje submarino* y *Los hijos del capitán Grant* de Julio Verne. Mi abuelo llegó a amenazarme con quemar mi colección de tebeos y mis libros de *cuentos* si seguía perdiendo el tiempo con aquellas patrañas. Decía que lo único que me convenía saber eran los números y me amargaba las vacaciones haciéndome resolver problemas de las reglas de tres simple y compuesta, de la regla de compañía, de la regla de aligación y de la de falsa posición. Afortunadamente hasta ahí llegaban sus conocimientos matemáticos, de los que estaba muy orgulloso. Ya me cuidaba yo de no mencionarle siquiera la existencia del álgebra, la geometría y otros quebraderos de cabeza, no se le fuera a ocurrir aprenderlos para martirizarme con ellos. Recuerdo que una vez me dijo que tenía que saber hacer operaciones con varas, quintales, arrobas, fanegas, almudes y no sé cuántas otras medidas raras. Cuando le dije que averigüé en el colegio que hacía más de un siglo que se había inventado el sistema métrico decimal para sustituir todas esas medidas y que ya nadie las usaba, se puso furioso y dijo que esos curas eran unos ignorantes porque él había trabajado en el molino con fanegas, cuartillas y arrobas toda su vida.

❋ ❋ ❋

En aquellos cuatro años aprendí mucho más fuera del colegio que dentro. Vivir en una ciudad como Sevilla, sin el control de mi madre ni de mis abuelos, con la posibilidad de conocer gente nueva y escoger la amistad de quienes fueran más afines conmigo, era una gran cosa para mí. Ahora tengo experiencia y perspectiva suficientes para apreciar lo negativo de la dictadura que sufríamos durante aquellos años, pero como entonces yo no podía comparar porque no conocía nada más, cuando deambulaba por aquella gran ciudad me parecía tener ante mí al ancho mundo y me sentía como un pájaro liberado de la jaula. Pronto me habitué a decir *malahe, una hartá, ¡te qui ya!, er nota* y algunas expresiones malsonantes propias del habla sevillana y desconocidas en mi pueblo. A veces, a pesar de haber adoptado el vocabulario local, aún me sentía discriminado.

La inexistencia de colegios mixtos y la represión moral hacía que los adolescentes de distinto sexo, que por ley natural se atraen como el hierro y el imán, viviéramos desconocidos mutuamente. Cuando una muchacha salía de un colegio de monjas, sin haber conocido más hombres que a su padre y a algún hermano, no tenía en absoluto capacidad de elección y era frecuente que se casara con el primero que le guiñara un ojo, sin saber quién era. Algo parecido ocurría con los muchachos. Como consecuencia de esta inexperiencia abundaban los matrimonios malcasados que, incapaces de separarse (el divorcio estaba prohibido: lo que Dios une no lo puede separar el hombre) se soportaban peleando de por vida con el consecuente trauma para ellos y sus hijos. Las primeras experiencias sexuales de los muchachos solían producirse por medio de la prostitución que, al estar legalmente prohibida, no ofrecía en absoluto ninguna garantía higiénica, por lo que los practicantes hacían su agosto inyectando antibióticos contra gonorreas, chancros y otras lacras. ¡Menos mal que todavía no había aparecido el sida!

Al esposo de la prima Lola le faltaba el ojo derecho y cuando quise saber la causa de aquel defecto me contestó: «La guerra». Le dije que los mutilados de guerra recibían una paga y él me dijo: «¡Como no se la pida a Negrín..!». Era anticlerical y ateo y también algo suelto de lengua, por lo que Lola siempre que él levantaba la voz se ponía nerviosa y cerraba las ventanas. Como yo en aquel tiempo era tan beato, tuve varias discusiones con él a causa de la religión. Recuerdo que un día me dijo: «Mira, niño: Parece mentira que estés defendiendo a los que mataron a tu padre». Yo le repliqué que ningún sacerdote había matado a mi padre y él me contestó que ningún cura había apretado el gatillo, pero ellos con sus mentiras habían fanatizado a los que lo hicieron. No respondí, pero aquello que me dijo me impresionó porque pensé que el día que fuimos a apedrear herejes, quizá estábamos haciéndole daño a gente equivocada pero buena y, aunque la algarada no pasó de romper algunos cristales, me dio miedo de que algún día yo también apretara un gatillo y matara a alguien como mi padre. Estas reflexiones iban entibiando mi fe.

Por un lado estaba don Fausto diciendo que mis ansias de libertad tenían que ser reprimidas para hacerme grato a Dios y ser digno algún día de Su Santa Presencia, pero por otro lado estaban los compañeros más rebeldes y los amigos que iba haciendo en el barrio donde vivía, que me tentaban con mil travesuras y aventuras prohibidas a las que era incapaz de resistirme. Me atormentaba no saber hasta dónde podía divertirme sin cometer pecado y le expuse mis dudas a mi director espiritual, buscando consuelo, pero don Fausto era duro y frío como el mármol y pronto dejé de confiarle mis secretos y empecé a confesarme con otro cura. Tenía miedo de que don Fausto, al ver mi desvío, me persiguiera tratando de regresarme al redil, pero, para mi sorpresa, no ocurrió nada de eso. Sin embargo cada vez que nos encontrábamos me miraba con tal intensidad que yo tenía que bajar la cabeza y eso me mortificaba mucho.

❋ ❋ ❋

No sé si la falta de comprensión de mis superiores en el colegio, la sensación de inutilidad de mis estudios, el tiempo que dedicaba a los nuevos amigos de la calle o una mezcla de todo esto, hicieron que mis notas empezaran a bajar y cuando mi madre, que seguía viniendo cada mes a Sevilla a ver cómo iban las cosas, me preguntó el motivo de mi desaplicación, yo le dije que consideraba inútil el sacrificio que estaban realizando ella y mis abuelos por tenerme en aquel colegio y que me gustaría ponerme a trabajar y así poder ayudarle también. Parece que ella les comunicó mi deseo a mis abuelos y ellos, que eran en realidad los que pagaban mi alojamiento y demás gastos y surtían de comestibles a la prima Lola, posiblemente cansados de gastar pólvora en salvas, aceptaron y ya estaban de acuerdo con mi decisión cuando, en las vacaciones de verano, llegué al pueblo.

Mi abuelo fue conmigo a Sevilla a visitar un primo segundo que era director de un banco y creo que estaba considerado como el familiar más influyente con que contábamos. Le pidió que me buscara un empleo de botones o de lo que fuera, a ver si poco a poco iba yo haciendo méritos para llegar a tener un buen puesto de *escribiente* en el banco. Mencionó el ilustre colegio donde yo había estudiado sin especificar, claro está, en qué condiciones. «Ya sabes que los curas preparan muy bien a los muchachos. Mi nieto sabe mucho de números» — mintió mi abuelo. Su primo le dijo que en la primera oportunidad que hubiera, me llamaría.

Antes de regresar al pueblo, mi abuelo entró en una librería y le pidió al dependiente un libro de problemas de matemáticas. Por desgracia para mí, el dependiente le mostró un grueso mamotreto que parecía mandado hacer por mi abuelo. Era una horrible colección de toda clase de problemas aritméticos. En el tren le eché un vistazo al libraco y vi que al final estaban las soluciones de los casi mil problemas que contenía. Guardé rápidamente aquel instrumento de tortura y me pasé el resto del viaje rezando para que mi abuelo no se diera cuenta de mi descubrimiento. Mis oraciones no fueron escuchadas: Nada más llegamos a la casa, mi abuelo echó mano a la navaja de afeitar y cortó con mucho cuidado las hojas donde venían las soluciones. Después las guardó en una caja de hierro con cerradura, cuya llave formaba parte de un manojo que pendía día y noche de su cinturón. Al día siguiente subió al pueblo y regresó con tres cuadernos, dos lápices y un sacapuntas. Por falta de herramientas no se dejaría de hacer el trabajo. ¡Cuánto hubiera yo dado aquel verano por una calculadora de bolsillo de esas que se inventaron muchos años después! Yo sé que mi buen abuelo intentaba prepararme para que ocupara un buen puesto el día que me llamaran del banco, pero por más que lo intento no puedo recordarlo sino como un verdugo que me estuvo torturando todo el verano haciéndome resolver problema tras problema como si se dedicaran a eso los empleados bancarios.

Por fin, en el otoño, recibió mi abuelo una carta con el membrete del banco que dirigía su primo. Éste le decía que había una oportunidad para mí en una empresa constructora que era cliente del banco. A mi abuelo no le gustó mucho aquello de *empresa constructora*, porque le olía a trabajos al sol con arena y cemento y él soñaba con verme de traje y corbata sentado en un cómodo escritorio de una sucursal bancaria. Sin embargo dijo que por algo había que empezar y que si no aceptábamos el empleo, su primo se enfadaría y no querría ayudarme más. Tiempo habría luego de buscar algo mejor.

Salimos para Sevilla mi abuelo, mi madre y yo. Mi abuelo, para buscar la carta de recomendación de su primo y ver cómo me recibían en el trabajo y mi madre, para hablar con la Resu y su marido a ver si podrían darme de nuevo alojamiento, en vista de que iba a trabajar en Sevilla. El marido de la Resu subió el alquiler porque, decía, todas las cosas habían subido mucho y además «el muchacho ya está trabajando».

A las nueve de la mañana, cuando abrió el banco, ya estaba mi abuelo preguntando por don Felipe, que así llamaban a su primo. Nos dijeron que lo esperáramos y cuando lo vimos entrar lo saludamos y nos fuimos detrás de él hasta su despacho. Habló por teléfono con alguien diciéndole que le mandaba al joven de quien le había hablado y nos dio un sobre cerrado.

La empresa ocupaba toda una planta de un edificio de oficinas cerca de la Plaza Nueva. Preguntamos al portero, subimos en el ascensor y entregamos la carta a un señor rubio con gafas que era el jefe de personal. Después de algunas preguntas rutinarias me hizo un contrato de trabajo eventual y me dio dos cartulinas, una para afiliarme a la Caja Nacional de Seguro Social y otra para el Sindicato Vertical de la Construcción, donde también era obligatorio inscribirse. Estos *sindicatos verticales* eran una pantomima inventada por el régimen franquista donde supuestamente defendían sus intereses dentro del mismo sindicato patronos y obreros juntos. ¡Lobos y corderos en el mismo redil!

Mi madre y mi abuelo regresaron al pueblo y me dejaron trabajando en Sevilla. Era el año 1946 y yo tenía dieciséis primaveras. La prima Lola y su marido, que ya no tenían el encargo de alimentarme ni vigilarme porque yo comía en la calle y se suponía que por estar trabajando tenía la independencia de un hombre, dejaron de recibir del pueblo los suculentos canastos de quesos, chacinas y verduras a los que estaban acostumbrados cuando yo asistía al colegio, por lo que su comportamiento conmigo era bastante arisco. Con sus hijos me llevaba bien.

La empresa donde empecé a trabajar se llamaba *Pavimentos Modernos, S. A. (Pamosa)* y se dedicaba a construir carreteras y puentes. Exceptuando a una vieja que hacía la limpieza, todo el personal era masculino. Empecé de oficinista haciendo un poco de todo, siempre en la Sección de Personal. Como apenas tenía dieciséis años y era el más joven, empezaron a llamarme Juanito. Si bien no era oficialmente un botones, cuando había que llevar cualquier documento a algún sitio ¿quién iba a ir sino Juanito? Y cuando no había que salir a la calle, pues a trabajar bajo techo. Entonces la electricidad en las oficinas sólo servía para alumbrar y para los calefactores y ventiladores. Todo lo demás era manual. Había que escribir en unas máquinas de carro enorme inmensas nóminas con el detalle de lo que devengaba y cotizaba cada obrero. Luego había que cuadrarlas usando unos chismes que hoy serían auténticas piezas de museo. Teníamos unas calculadoras manuales de rodillo que nosotros llamábamos *molinillos*, que funcionaban mediante una manivela que si giraba en el sentido de las agujas del reloj, multiplicaba y en sentido contrario, dividía. Para sumar y restar, el artefacto era diferente: Después de marcar los números mediante teclas, había que accionar una palanca que tenía a un lado. Las cantidades se iban imprimiendo en unas larguísimas tiras de papel hasta que, al final, otro golpe de palanca daba el total. El proceso era algo complicado para los no iniciados y algunos chupatintas de los más viejos, que no estaban familiarizados con tales *modernismos*, decían que era más rápido hacer las operaciones *a pelo* sin más ayuda que el lápiz y su habilidad mental. También había que escribir a mano el nombre de la obra, del obrero y la cantidad a pagar en los sobres individuales de pago semanal; o bien archivar documentos en los expedientes de cada trabajador; o bien mil cosas más.

Los lunes y martes se confeccionaban las nóminas de salarios basadas en los recibos que aportaban los listeros de cada obra. Los miércoles llamaban los pagadores por teléfono al banco para que les proporcionaran una cantidad determinada de billetes y monedas de las distintas denominaciones con los que llenar los sobres de pago, los jueves y viernes se metía dentro de cada sobre el dinero que cobraría cada obrero y los sábados a primera hora salían varios coches pequeños, cada uno de ellos con un pagador y un chófer, camino de las diferentes obras que estuviera realizando la compañía. Cada pagador tenía una maleta de madera especialmente preparada para llevar separados y en orden los recibos y sobres necesarios para pagar. Al llegar a la obra el chófer voceaba los nombres y repartía los recibos (originales y copias), cada obrero firmaba el original y guardaba la copia como constancia y, a la vista de cada recibo firmado, el pagador entregaba los respectivos sobres. Además de los salarios, había que tramitarles a los obreros las cartillas del Seguro Social para la asistencia médica, el derecho al subsidio familiar de acuerdo con los libros de familia, calcularles los puntos del plus familiar, según la cantidad de hijos que cada uno tuviera, etc. Como continuamente estaban terminándose unas obras y empezando otras, casi todas las semanas había despidos, lo que significaba hacer liquidaciones donde había que calcular las partes proporcionales de las tres pagas anuales: vacaciones, 18 de Julio y Navidad, etc., etc.

El régimen policial establecido por la dictadura era tan temido por aquellos años, que la gente podía andar por donde fuera a cualquier hora del día o de la noche con una seguridad que ahora parece inconcebible. Yo estuve varios años yendo cada miércoles a pie del banco a la oficina con una bolsa de lona con el anagrama del banco transportando todo el dinero necesario para el pago semanal de la empresa y ni a mí ni a los que me mandaban se nos ocurría siquiera que pudieran robarme. Los pagadores, a pesar de que cada sábado tenían que trasladarse a lugares a veces muy escabrosos y escondidos con una maleta llena de dinero, nunca fueron asaltados ni tenían miedo de que los asaltaran.

Estuve trabajando en la sección de Personal de *Pavimentos Modernos* durante más de treinta años. Nunca pasé de administrativo, nunca fui jefe de nada. El cargo más importante que tuve fue el de pagador.

El dueño de la empresa era un semianalfabeto de un pueblo del Aljarafe. Se llamaba Joaquín Luna, aunque muchos lo conocían por *Ataharre*, el mote familiar que le daban en su pueblo. Sus empleados y proveedores lo llamaban *don Guaquín*, que era como sonaba su nombre en el habla vulgar andaluza.

Este sujeto, que se inició en el negocio de la construcción moviendo la tierra de las excavaciones por medio de una recua de burros, a pesar de su incultura poseía una rara inteligencia para usar al prójimo como instrumento de sus deseos.

Según me contaron, el bueno de Ataharre empezó a salir de la pobreza administrando los bienes de la viuda de su jefe, un contratista de medio pelo que murió prematuramente dejando dos hijos menores de edad. La pobre mujer, que no tenía ni idea de cómo funcionaba el negocio de su difunto esposo, se dejó engatusar por aquel zorro regajero que con las ganancias que sacaba de la *administración* de la empresa ajena fue levantando la propia, de forma que la primera menguaba al mismo ritmo que crecía la segunda. A la dueña le hacía las cuentas del Gran Capitán y cuando los hijos del difunto tuvieron edad para reclamar, ya Ataharre era rico y pudo proponerles hacerse cargo ellos mismos de su patrimonio o aceptar una oferta de compra que no podrían rechazar. La viuda y los huérfanos consultaron a varias personas *de juicio* y, teniendo en cuenta el estado ruinoso del negocio y la *generosa* propuesta de don Joaquín, como ya empezaban a llamarle, todos les aconsejaron que vendieran. Así fue como este hombre se deshizo de los que le ayudaron a subir cuando ya no los necesitaba.

Durante muchos años Andalucía había sido considerada casi una colonia por la España del Norte. Andalucía, Extremadura y Murcia mandaban al Norte obreros no cualificados y el Norte mandaba al Sur *gente espabilada*. Por aquí venían como quien va a *hacer la América* industriales catalanes y vascos, ingenieros castellanos y leoneses y hasta humildes profesionales y comerciantes, todos ellos buscando las oportunidades que no aprovechaban los *vagos* andaluces.

Entonces no había estas palas excavadoras y estas maquinarias con las que un hombre puede abrir kilómetros de zanjas o levantar cientos de ladrillos a un sexto piso sin soltar una gota de sudor. Tampoco podía comprar un coche ningún peón de albañil. Una moto barata la podría comprar un capataz. Cada vez que yo veía las cuadrillas de peones derritiéndose bajo el sol arrancando la tierra a pico y pala; cada vez que veía en el invierno las filas de obreros que salían de sus casas de madrugada en bicicleta con el pecho relleno de periódicos para no morir de frío y recorriendo cincuenta y más kilómetros hasta llegar al tajo donde estarían ocho horas trabajando a la intemperie para luego pedalear otro montón de kilómetros hasta llegar a sus casas de noche, yo no podía menos que preguntarme: Dios mío ¿será verdad que los andaluces somos tan vagos como dicen?

La industria andaluza era de capital vasco o catalán y el comercio, grande o chico, también estaba en manos de la gente del Norte. Por ejemplo, en Sevilla por muchos años casi todos los dueños de lecherías fueron santanderinos y también eran cántabros los que vendían vino al por menor. En muchos lugares de Andalucía todavía la palabra *montañés* es sinónimo de tabernero. La Feria de Abril de Sevilla se originó a mediados del siglo XIX como un mercado de ganado, gracias a la gestión de un catalán y un vasco.

Ata̱harre era muy afecto a la gente *de Dehpe-ñaperro̱h pa arriba*. El que llegara pensando que se podría aprovechar impunemente de aquel cateto folclórico, cometería un grave error. Primero se hacía acompañar por un ingeniero de caminos de Valladolid muy eficiente al que exprimió como a un limón y de quien se deshizo cuando ya no tenía nada que aprender ni que aprovechar de él. Después contrató a un perito navarro que abandonó la Empresa cuando se dio cuenta de que estaba siendo explotado a cambio de promesas que nunca se cumplían.

Al perito navarro le siguieron otros colaboradores forasteros o nativos. Entre los nativos reclutó *don Guaquín* a un oficial de Obras Públicas muy flamenco, excelente pelotillero, llamado Pepe Serrano, que se sabía todas las triquiñuelas del Ministerio y las puso en seguida a disposición de su nuevo amo. *Don Guaquín* se hizo muy amigo del ingeniero jefe provincial de Obras Públicas, era compadre del jefe de la Confederación Hidrográfica del Guadalquivir y trataba de tú a tú al mismísimo Gobernador Civil de la provincia. Constantemente mandaba a su chófer con jamones y cajas de vino a las residencias de los funcionarios que le facilitaban las cosas. Por supuesto que siempre ganaba las más jugosas licitaciones de todas las carreteras, puentes y urbanizaciones que se realizaban a nivel provincial y hasta regional.

El perito navarro era de un pueblo a orillas del río Bidasoa cuyo nombre no recuerdo. Se llamaba don Luis Aranzadi. Un día fui con él a su casa a buscar unos papeles y oí que su mujer le llamaba Koldo. Ante mi extrañeza me dijo que en vasco Koldo es lo mismo que Luis. Me atreví a preguntarle si no sería más práctico que los Luises se llamaran Luises en todas partes, a lo que él me respondió: «¿Y por qué vosotros les llamáis Curros a los Franciscos?». En las obras donde yo iba como pagador lo encontraba con frecuencia y me hacía mucha gracia la dificultad que tenía para entender el lenguaje coloquial de los obreros. Recuerdo que una vez el guarda de una cantera le dijo: «Don Lui<u>h</u>, me da lacha pedi<u>h</u>lun tru<u>h</u>a, pero e<u>h</u> que no <u>h</u>umo endayé». Quedó boquiabierto y tuve que decirle que el hombre se había quedado sin tabaco desde ayer y le daba vergüenza pedirle un cigarro. Un sábado, regresando de pagar en el tajo de una carretera que la Empresa estaba construyendo en las Marismas, vi que tenía el coche en el arcén de la recta de Los Palacios y le dije al chófer que parara, pensando que le habría ocurrido alguna avería mecánica. Al acercarnos vimos que hablaba acaloradamente con un chaval con aspecto agitanado que sostenía una bicicleta. Me imaginé algún accidente, pero no pude aguantar la risa cuando observé que el muchacho le hablaba y él no lo entendía. El zagal me dijo que quería cobrar un *parné* que le debían a su *bato* que estaba malo, pero el señor perito, como era extranjero, no comprendía. Cuando le dije que el señor perito era tan español como él, me contestó que *toh loh que hablan pronunciao*, para él, como si fueran de otro país. Le pregunté quién era su padre y me dijo que era el que *mosegaba* a los *gaché* que *currelaban* en la cantera de El Cuervo. Cuando le dije a don Luis que el capataz de la cantera estaba enfermo y el muchacho, que era su hijo, reclamaba el dinero que la Empresa le debía a su padre, el perito exclamó: «¡Arraio! ¡Es que aquí habláis de cojones, ah!».

En la oficina se reían mucho de estos problemas idiomáticos de don Luis y cuando entraba a la Sección Técnica, Pepe Serrano se ponía a *chamullá romanó* con Algarín el delineante, que era medio gitano. El perito decía: «¡Como sigáis así, me pongo yo a hablar vasco aunque sea con las paredes y se va a convertir esto en una jaula de grillos!».

La Sección de Personal era la que menos atención le merecía al dueño. Las cosas importantes se cocinaban donde estaban el ingeniero o los peritos, los agrimensores, los delineantes, etc. El manejo del personal obrero era algo secundario. Las huelgas estaban prohibidas por la ley y los problemas laborales se resolvían en el Sindicato Vertical, donde *don Guaquín* tenía bien domesticado al jefe. Nuestro Jefazo quitaba y ponía jefecillos en la Sección de Personal con la misma olímpica indiferencia hacia mí y los que trabajábamos allí con que Dios movía cada noche la luna y las estrellas. Siempre tuve la sensación de que me veían como si yo formara parte del mobiliario de la oficina. Las pocas veces que me encontré con don Joaquín en el ascensor o en algún pasillo, el Jefazo ni siquiera se molestó en contestarme el saludo. Solamente cuando fui pagador participé algo de los *secretos profesionales* de la Empresa: Recuerdo que un sábado, antes de salir a pagar a las obras, me llamó a su despacho don Rafael el cajero, un fulano que jamás sonreía a no ser que *don Guaquín* estuviera presente. Me hizo cerrar la puerta y me dijo con mucho misterio: «Este recibo de caja a nombre del encargado de la obra, que te lo firme el encargado, pero luego el dinero se lo das al vigilante de Obras Públicas, que te va a estar esperando cuando regreses en la entrada de tal pueblo». Luego se inclinó hacia mí, me miró fijamente por encima de las gafas y me dijo: «Esto no lo sabe nadie más que tú. Si llega a conocimiento de alguien más, no duras en la Empresa ni veinticuatro horas». Después supe que aquellos regalitos de los que yo era rey mago involuntario servían para que en los informes de uso de materiales que el vigilante entregaba a sus jefes del Ministerio de Obras Públicas aparecieran cantidades imaginarias. En las escasas ocasiones en que el verificador no era aficionado a las fantasías jugosas, los mismos camiones que de día llevaban a la obra los bidones de asfalto o los sacos de cemento, por ejemplo, regresaban a buscarlos de noche con otros chóferes a los que se les decía que los habían traído al comienzo de la obra y que habían sobrado por haber calculado mal. Al mismo tiempo se calumniaba al funcionario enemigo del progreso de la Empresa para que sus jefes lo sustituyeran por alguien más tratable. Con los materiales que debían haberse empleado en construir diez kilómetros de carretera se construían cincuenta y al poco tiempo la red viaria competía con la superficie lunar en cantidad de cráteres, pero los bolsillos de *don Guaquín* engordaban que daba gusto.

Estas y otras cosillas las aprendí siendo pagador porque no tuve más remedio que saberlas, pero estoy seguro de que ilegalidades mucho más importantes se harían en otros niveles donde estaba absolutamente prohibido que yo ¡pobre de mí! metiera la nariz.

Había un grupo de pelotilleros organizados que cada año montaba la caseta de feria de la Empresa y daba ágapes en honor de *don Guaquín* por Navidad, por el día de su santo, porque la Empresa había comprado una cantera nueva o le habían adjudicado una obra importante o por lo que fuera. Don Rafael les daba el cheque firmado por *don Guaquín* y ellos traían jamón serrano, gambas, botellas de manzanilla de Sanlúcar, vino fino de Jerez, etc. Por la tarde acercaban unas mesas y unas sillas al despacho de *don Guaquín*, que era enorme aunque él casi no lo usaba, y nos reuníamos todos a dar cuenta de aquellos manjares en presencia del Jefazo. Por supuesto que cada vez que esto ocurría teníamos que acudir a rendir pleitesía todos los empleados, si no queríamos que los *fieles* nos hicieran candidatos al despido. Era un espectáculo lamentable ver a aquellos arrastrados proferir ruidosas carcajadas cada vez que *don Guaquín* abría la boca para soltar alguna gansada. A veces, en mitad del agasajo, sentado en su sillón reclinable de caoba tallada tapizado de damasco, llamaba a don Rafael el cajero, y le decía «¡A ve, Rafalín; vamo<u>h</u> a da<u>h</u>le un alegrón ar perzoná!». *Rafalín* traía una bandeja llena de sobres cerrados, cada uno de ellos con el nombre de uno de nosotros, hacía el gesto de arrimar delante del jefazo una linda mesita que siempre había por allí y en seguida acudían tres o cuatro de los más sumisos a ayudarle como si la mesa pesara cien kilos. *Don Guaquín* se repantigaba en su trono, miraba a su plebe como el rabadán mira a su rebaño, guiñaba un ojo y decía con una sonrisa sarcástica: «¡Pa que no haiga "tera mare"!». Aunque siempre decía lo mismo, los pelotas oficiales fingían escuchar por primera vez el chiste más gracioso del mundo y todos se descojonaban de risa barruntando el grosor de su sobre; los demás también reíamos por no ser menos. Aclararé que lo que quería decir aquel bicho era: *Para que no haya quien se acuerde de mi puñetera madre*, es decir: *Para que no me odien*. Después se calaba unos anteojos con montura de carey, iba leyendo torpemente (no sé si por falta de vista o por falta de práctica) los nombres de cada uno de nosotros y nos largaba los respectivos sobres mientras nos miraba fijamente por encima de las gafas. Todos balbuceábamos alguna frasecilla de agradecimiento y nos guardábamos el sobre sin abrirlo delante de los demás. Aquel hombre, aunque cazurro, sabía muy bien cómo aprovechar las debilidades humanas para conseguir sus objetivos y, aunque parecía disfrutar aceptando tales hipocresías, seguro que no lo hacía por simple vanidad, sino porque así se aseguraba la fidelidad de los aduladores.

Los compañeros de trabajo más cercanos, a pesar de que compartían conmigo discriminación y escaso salario, nunca fueron para mí lo que se puede llamar amigos. Sus temas favoritos de conversación eran obscenidades sexuales y fútbol. *Don Guaquín* era socio del Sevilla y, por lo tanto, también eran sevillistas los jefecillos de la cúpula empresarial y los acólitos de dichos jefecillos, con dos excepciones: Un compañero de Personal llamado Felipe, que era bético declarado, y yo, que asqueado de tanto fútbol, siempre me mantuve al margen de aquella afición absurda, embrutecedora de multitudes. Cuando ganaba el Sevilla, Felipe se convertía en un pararrayos donde iban a parar todos los improperios de aquella manada de lobos; cuando ganaba el Betis, Felipe no osaba abrir la boca y solamente se atrevía a sonreír subrepticiamente y contarme a mí las hazañas de su equipo, sabiendo que nadie más lo escucharía. Aún recuerdo el calvario que tuvo que pasar aquel pobre diablo durante los años en que el Betis estuvo en segunda y tercera divisiones. *Don Guaquín* era hermano de la cofradía de la Macarena y, claro está, también sus secuaces eran partidarios de la famosa virgen. Felipe vivía en Triana y, aunque debía ser medio ateo según blasfemaba de vez en cuando, los demás lo consideraban partidario de la Esperanza de Triana, que era casi tan malo como ser bético. La tauromaquia también era tema importante de conversación y las faenas de El Viti, Diego Puerta o Jaime Ostos producían acaloradas discusiones. Era opinión general que los desplantes de El Cordobés no eran más que *payasadas* para impresionar a los turistas y en la rivalidad entre Curro Romero y Paco Camino, había preferencia por *El Niño Sabio de Camas*, por lo que sospecho que ésa sería la opinión de *don Guaquín*.

Los días que nos pagaban yo nunca salía con mis compañeros de trabajo a visitar las casas de furcias de La Alameda o de la calle Olavide, ni al baile *San Basilio* a ligar marmotas con el pelo recién lavado oliéndoles a vinagre. Tampoco fui nunca con ellos al campo de Nervión (todavía no se llamaba *estadio Sánchez Pizjuán*) a ver jugar al Sevilla F. C. Yo siempre fui aficionado a la literatura, al arte, a la música y a las manifestaciones culturales y, si alguna vez decía que había leído tal novela, visitado tal museo o visto tal película interesante, sencillamente se reían de mí. Como, además, no fumaba, no comentaba nunca hazañas eróticas ni decía palabrotas, creo que me consideraban medio maricón.

Todavía no sé cómo pude aguantar en aquel ambiente enrarecido nada menos que treinta y dos años. Si no me fui de allí fue por miedo a lo desconocido. El hecho de no tener ningún diploma que me abriera las puertas de algún trabajo decente me había creado un tremendo complejo de inferioridad. Leía las ofertas laborales en los periódicos y yo no sabía o creía no saber hacer nada de lo que solicitaban. Una vez fui a un lugar donde pedían vendedores de seguros, con la idea de probar en las horas libres y, si la cosa fuera rentable, dedicarle tiempo completo. Me recibió un fulano con cara de mala leche que, en lugar de contestar a mis preguntas de cómo se hacía aquello, me largó un rimero de papeles y, viendo que yo permanecía inmóvil esperando instrucciones, señaló la puerta mientras me decía: «¡Hala, a trabajar!». Había allí cuatro o cinco muchachos más o menos de mi edad sentados en una mesa larga ordenando papeles mientras conversaban animadamente. Me dio vergüenza andar pidiéndoles explicaciones a ellos, que parecían tan enterados. Me pasé esa noche tratando de interpretar lo que decían aquellos papeluchos llenos de términos desconocidos para mí y el día siguiente apenas salí del trabajo me armé de valor y empecé a tocar los timbres de todos los pisos de todas las casas de una calle próxima a la oficina donde trabajaba. La mayor parte de la gente que visitaba a esas horas, si eran mujeres estaban preparando la cena y si eran hombres estaban escuchando la radio o viendo la televisión y lo que menos querían era que los fastidiara nadie contándoles historias de lo bueno que era tener una póliza de seguros. Me veían por la mirilla de la puerta y algunos no se molestaban en abrir. Desde dentro me gritaban: «¡No quiero na!». A los cuatro días de tales andanzas alguien se compadeció de mí y me compró un seguro de vida. Salí de aquella casa más contento que unas pascuas y me fui derecho a la oficina de la compañía de seguros. El fulano mal encarado miró los formularios y me dijo que faltaba la firma del cliente en uno de ellos. Regresé con

la firma que faltaba, me dio unas pesetillas de comisión y me dijo que había que trabajar más, que la
cuota mínima eran cinco seguros por día y que si
no cubría la cuota no podría recibirme más contratos. Salí convencido de que aquello no era para mí,
tiré los formularios a la basura y no volví más.

Después fui ayudante de un instalador de an-
tenas de televisión, de las que había cierta demanda, pues los televisores empezaban a hacerse populares, pero como trabajábamos después de las
horas laborales, siempre nos agarraba la noche y
era muy peligroso andar por los tejados en la oscu-
ridad, como los gatos. Una noche resbalé y casi me
mato, me dio miedo y no volví más.

Hice otros intentos parecidos a éstos y siempre fracasé, por lo que no tuve más remedio que
resignarme y continuar en Pamosa, con el único
paréntesis de la mili.

De la mili poco tengo que contar. Me dijeron
que podría librarme alegando ser hijo de viuda. No
lo hice, con la esperanza de que me mandaran a
Guinea o por lo menos al Sáhara o Canarias, para
poder salir de mi rutinaria vida. Sin embargo la
falta de dos dedos de mi mano izquierda fue motivo suficiente para que me declararan *soldado útil
para servicios auxiliares*, con la única obligación de
asistir unas horas de lunes a viernes a una oficina

que tenía el Ministerio del Aire en la base aérea de Tablada y realizar allí unos simples trabajos burocráticos. Todos me decían que tuve suerte mientras yo lamentaba tener que seguir en Sevilla haciendo casi lo mismo que hacía siempre.

※　※　※

Mientras estuve trabajando perdí todo contacto con el colegio, pero todavía conservaba la fe católica que me inculcaron allí y acudía a la iglesia parroquial que quedaba más cerca de donde vivía. Allí conocí a un grupo de muchachos y muchachas, muchos de ellos pertenecientes a Acción Católica, con los que me relacionaba mucho mejor, desde luego, que con los compañeros de trabajo. Al contrario que en la Empresa, a los amigos de la Parroquia no tenía la obligación de soportarlos; los había escogido yo libremente y además eran más *civilizados* y afines con mi forma de ser.

Don Francisco, el párroco, además de ser viejo era anticuado y chocaba a menudo con nosotros, sobre todo cuando organizábamos excursiones o actividades lúdicas. Un buen día desapareció y vino a ocupar su lugar un cura recién salido del seminario, joven y dinámico, que se llamaba don Jerónimo Pérez, pero le decía a todo el mundo que le suprimiera el don. Era la década de los cincuenta y dirigirse en España a alguien con sotana, aunque tu-

viera veinticinco años, sin anteponerle el don era
tan inverosímil que la gente no sabía cómo dirigirse a él. Como empezó colocando en la puerta de
la iglesia toda clase de avisos cuando muchos no
conocían todavía su nombre y los firmaba *J. Pérez*,
empezaron a llamarle *el cura Jota Pérez* y más adelante simplemente *el cura Jota*. A nosotros los jóvenes nos agradaba por revolucionario, pero a la
gente mayor de la parroquia no le hacía ninguna
gracia aquel curita revoltoso. Era el extremo
opuesto al anterior párroco. Organizaba charlas,
coloquios, obras de teatro, conciertos, excursiones
y qué sé yo cuántas cosas más. Suprimió las colec-
tas y los cepillos. Convirtió la sacristía en una verdadera agencia de empleo donde, en vez de dar
limosnas a los necesitados, les buscaba trabajo.
Decía que las limosnas atentan contra la dignidad
humana. Le repugnaba la mojigatería de las beatas
y beatos; no se llevaba con esos individuos de quienes decía Antonio Machado que son amantes del
humo de los altares, a los que en Sevilla se les llama
capillitas sin ningún sentido peyorativo, sino todo
lo contrario. En una ciudad donde se profesa una
verdadera idolatría por las diversas advocaciones
de la Virgen y de su Hijo, un cura así lógicamente
tenía asegurada la antipatía de muchos feligreses.
Un día estábamos conversando con él unos cuantos
jóvenes en una placita que hay frente a la iglesia y
se presentó Zurita con una estatuilla del Niño Je-

sús. Zurita era un muchacho del barrio que partici-
paba en las actividades de la parroquia, pero tenía
una mentalidad más bien retrógrada. Le mostró al
cura Jota la imagen diciéndole muy serio que se la
traía para que la bendijera. Jota Pérez se rio en sus
barbas y le dijo sin ambages que no se iba a poner
a bendecir un muñeco porque eso es una estupidez. Zurita se fue con la cara roja y yo pensé que
el cura se había pasado.

❋ ❋ ❋

Siempre he sido muy tímido con las mujeres porque me han apasionado mucho. La gente cree que
amores como los de los Amantes de Teruel o Calix-
to y Melibea o los que expresaba Bécquer en sus ri-
mas sólo existieron en la imaginación de los poetas.
Pues a mí me parece que esos amores pueden
haber existido, porque yo los he sentido. Cuando
tenía doce o trece años me enamoré de una niña de
la calle de Sevilla donde yo vivía. La espiaba, la
seguía, soñaba con ella... Hubiera hecho cualquier
cosa por darle un solo beso, pero jamás me atreví a
decirle una palabra. Ella debía notarlo, porque
cuando la veía sola siempre iba muy seria y miraba
para otro lado, pero cuando estaba con algunas
amigas y yo pasaba cerca, me miraban todas y sol-
taban unas risas estrepitosas que me llenaban de
dolor y vergüenza porque sentía que se estaban

riendo de mí. Un día, al doblar una esquina, me di de cara con ella; se hizo a un lado y siguió sin mirarme siquiera, pero a mí me latía el corazón con tal fuerza que tuve que agarrarme a la reja de una ventana porque creía que me desmayaba.

De adolescente tuve dos o tres de estos amores quijotescos sin que nunca me atreviera a expresarlos. Después fui perdiendo el miedo y tuve un par de noviecitas a las que les podía hablar sin temor porque no las quería platónicamente como a las otras. Sin embargo mi falta de tacto y decisión para tratar al otro sexo hicieron fracasar todos estos idilios.

La Empresa nunca me daba vacaciones en verano, como me hubiera gustado, pues el tiempo seco y caliente era más propicio para la construcción de carreteras y en verano aumentaba el trabajo. Todo el año estaba deseando recibir las vacaciones para poder estar unos días en mi pueblo. Mi madre siempre me sermoneaba porque me pasaba más tiempo en el campo que en la casa, sin importar si hacía frío o llovía. Me encantaba conversar con los pastores y la gente de los cortijos. Lo que más echaba de menos cuando volvía a Sevilla eran los deliciosos guisos que hacía mi abuela.

Un infarto se llevó a mi abuelo el año 1952 a la edad de setenta años. Hasta el último de sus días estuvo trabajando en el molino. Dos años después murió mi abuela.

IV

LOS LAZOS

El mismo año que murió mi abuelo, ella con diecio-cho y yo con veintidós, conocí a Rosa. Tenía un cuerpo sugestivo y una cara bonita y aparentaba ser casi tan tímida como yo, aunque yo ya había madurado algo por tener más edad y también de-bido a los fracasos de todo tipo y creo que le di una sensación de aplomo que en realidad no tenía. Fuimos buenos amigos por algún tiempo. Nos con-fiábamos mutuamente nuestros problemas y temo-res y a mí me gustaba mucho esa confianza. Pensé que deberíamos hacer planes para casarnos algún día, se lo propuse y ella aceptó.

Todas las tardes, después de salir del trabajo, iba a esperarla a la puerta de la academia donde estaba aprendiendo *corte y confección*. Después caminábamos juntos desde la plaza de la Encarna-ción hasta El Tardón, en Triana, donde ella vivía. Por si no fueran suficientes estos maratones dia-rios, los domingos solíamos patear en largos pe-riplos el Paseo de las Delicias, los Jardines de Muri-llo o el Parque de María Luisa, siempre agarraditos de la mano y sin dejar de conversar. Ahora que soy viejo no puedo explicarme cómo a esa edad se puede hablar tanto sin agotar el tema. Luego nos sentábamos en un banco a comer pipas, chufas, garbanzos tostados o altramuces, pero sólo a eso ¿eh?, no fuera a ser que asomara detrás de algún arbusto el sombrero verde con escarapela de algún guarda municipal de los que andaban vigilando la moral ciudadana con la libreta de las multas en una mano y el lápiz en la otra. Creo que en aquellos años de noviazgo Rosa y yo gastamos más suelas de zapatos que durante el resto de nuestras vidas. A veces íbamos a la primera tanda de algún cine al aire libre, si era verano, o al cine Alcázar o al cine Rocío (más conocido como *el Palacio de las Pipas*), si era invierno.

Después vino el trago de hablar con el padre. A su madre ya la conocía yo porque en varias ocasiones nos había sorprendido hablando en la puerta de la calle, pero no habíamos pasado de darnos las buenas noches. Lo del padre era más gordo. Parece que la madre concertó la cita. A la hora estipulada iba yo escaleras arriba vestido de traje y corbata y con más miedo que si fuera a lidiar un miura. Abrió la puerta la madre, la saludé y ella, hablándome de usted, me llevó a un balcón corrido que tenía el piso donde vivían. Allí estaba sentado y en mangas de camisa el supuesto ogro. Lo saludé y me ofreció una silla que había frente a él. Me senté y mi futuro suegro, supongo que para romper el hielo, cogió un paquete de tabaco negro que había sobre una mesita de centro, me ofreció un pitillo y él tomó otro. Debido al nerviosismo me puse el cigarro entre los labios por la parte opuesta a la boquilla, le di vuelta rápidamente y ya estaba mi interlocutor dándome fuego con un soberbio encendedor de gas (entonces se usaban más los de mecha). La única vez en mi vida que había yo tratado de fumar fue en los retretes del colegio y me dio tanta tos, que no volví a intentarlo. Chupé y expulsé el humo sin tragarlo, temiendo un ataque de tos. Aquella situación ridícula me producía calor en las mejillas. Menos mal que era de noche y no se notaría mucho que se me había subido el pavo. El padre de Rosa esperó un par de minutos a que yo le dijera qué quería, pero al notar mi timidez debió pensar que podría estar toda la noche esperando inútilmente, así es que habló él primero.

Empezó diciendo que él no quería ver a ningún chaval esperando a su hija en la calle, que su hija pertenecía a una familia muy seria, que su hija no era una muchacha que saliera con cualquiera, que su hija por aquí, que su hija por allá... Todo este panegírico lo recitó sin dejar de mirar el cenicero donde de vez en cuando sacudía el cigarro. Yo, contento de que no me mirara a la cara, saqué no sé de dónde un poco de valor y le dije como pude que mis intenciones eran formales, que Rosa era la primera chica a la que yo le hablaba (no me atrevía a pronunciar la palabra *novia*) y que quería que fuera la única y que por eso había ido a pedirle permiso. Ahora sí me miró de frente mientras me decía que, puesto que la niña estaba anuente a aquella relación y confiando en las buenas intenciones que yo parecía tener, sería preferible que la viniera a ver a la casa en vez de andar furtivamente por las esquinas.

Mi futura suegra vino sonriente a ofrecerme una gaseosa. Apagué el cigarrillo, al que solamente le había dado dos o tres chupadas y me bebí con gusto el refresco, pues tenía la boca seca. Mientras tanto el padre de Rosa me dijo, aparentemente sin venir a cuento, que él era soldador en los Astilleros y que el mes pasado lo habían mandado a Bilbao y a continuación me preguntó si en mi trabajo yo viajaba o permanecía estable en Sevilla. Comprendí que era un burdo pretexto para saber qué medios de subsistencia tendría su futuro yerno. Le mencioné la empresa donde trabajaba, haciendo énfasis en que el mío era un puesto de responsabilidad en las oficinas centrales, ocultando mi humilde categoría de oficial de segunda administrativo y, desde luego, mi modesto salario. Por fin me despedí, el supuesto ogro tuvo la deferencia de levantarse y darme la mano y lo vi sonreír por primera vez. Cuando iba camino de la puerta no sé de dónde salió Rosa, que me acompañó hasta el rellano de la escalera. Ella estaba radiante y cariñosa, pero a mí me parecía que de un momento a otro iba a aparecer por la puerta del piso la cabezota de su progenitor y el miedo a que se pusiera hecho una fiera al vernos amartelados me impedía corresponder a sus arrumacos.

Durante el tiempo en que fuimos novios llevé a Rosa tres o cuatro veces a mi pueblo. La primera vez tuve que cargar con su madre y en los demás viajes ya la dejaron ir sola conmigo, menos cuando murió mi abuela, en el año 1954, que mis futuros suegros fueron con nosotros al entierro.

El tiempo del noviazgo ella se lo pasó juntando el ajuar y yo ahorrando para comprar el piso donde criaríamos a nuestros hijos. Cuando empecé a pagar letras, de nuestra casa no existía ni un ladrillo, pues los pisos se iban construyendo con las aportaciones recibidas. Cada vez que los periódicos publicaban que los dueños de alguna inmobiliaria desaparecían con el dinero de los incautos sin dejar tras de sí nada más que unas vallas publicitarias anunciando unos pisos muy bonitos, se me ponía carne de gallina, pero para personas de tan poco poder adquisitivo como nosotros no había otra forma de conseguir una vivienda que algún día fuera propia. Al cabo de tres años de noviazgo y pago de letras, por fin nos la entregaron para seguir pagando por muchos años más. Yo nunca tuve claro la cantidad de letras que había firmado. Cuando alguien me preguntaba cuándo terminaría de pagar el piso, siempre decía que me imaginaba que estaba pagando un alquiler y el día que me dijeran que ya no tenía que pagar más me haría cuenta de que me había tocado la lotería.

El año 1955 nos casamos en la Parroquia ante el cura Jota Pérez.

El año 1956 nació nuestro hijo. Le pusimos Fernando porque así se llamaba mi suegro.

El siguiente año, cuando me dieron las vacaciones, estuvimos diez días en el pueblo. Ahora fue diferente de cuando llevé a Rosa siendo novios. Ella, nacida en Sevilla, si no despreciaba el pueblo, al menos desconfiaba de todo lo que oliera a cateto, empezando por mi madre y mi hermana María, que estaba soltera y vivía con ella. Eran los únicos miembros de mi familia que quedaban allí. Al principio, con la novedad del bebé, reinó la alegría, pero después Rosa, aunque no decía nada, andaba con cara de cuaresma. Era evidente que no se sentía cómoda allí.

Dos años después del nacimiento de Fernando vino al mundo Rocío y tuvimos que pasar el verano sufriendo el calor de nuestro piso de Sevilla por la dificultad de desplazarnos sin coche con una niña recién nacida y un niño pequeño.

El año siguiente enfermó mi madre. Mis cortas vacaciones las pasé junto a ella sufriendo al ver que cada día estaba peor. En pocos meses la mató un cáncer con apenas cuarenta y nueve años de edad.

Mi hermana tenía veintisiete años y al verse sola se fue a Barcelona con una prima que vivía allí. La casa del pueblo quedó vacía. Ella encontró en Barcelona primero un buen trabajo y después un buen hombre, se entusiasmó con ambas cosas y un día me escribió una carta de tres páginas diciéndome que su esposo tenía un hermano en Méjico y pensaban irse a vivir a aquel país. Puesto que yo era el que estaba más cerca de nuestro pueblo, quería que dispusiera como quisiera de la casa y el olivar que había dejado nuestra madre. Me enviaría un documento renunciando a cualquier derecho que tuviera a la herencia, porque ella no pensaba regresar y ni necesitaba ni quería ninguna ganancia que pudieran rentar tan exiguas propiedades o el producto de su venta.

Le di las llaves de la casa del pueblo a una buena vecina para que la ventilara y aseara de vez en cuando e hice un arreglo con su marido, que era agricultor, para que aprovechara cada año la cose-

cha de aceitunas a cambio de mantener limpio y
productivo el olivar.

✳ ✳ ✳

Por entonces desapareció el cura Jota Pérez tan
misteriosamente como cuando había llegado. Co-
mentaban que *los viejos* habían conspirado para
que el arzobispo lo sacara de la Parroquia. Después
alguien nos dijo que se fue o lo mandaron a América. Los amigos que Rosa y yo habíamos hecho en la
Parroquia cuando estábamos solteros eran, desde
luego, buenos creyentes, pero cada día actuaban
con más libertad y tolerancia, debido en parte al
soplo de aire fresco que trajo el cura Jota. Mi fe
frailuna fue desapareciendo. Primero descubrí que
se podía ser cristiano sin ser beato, después pensé
que tenía derecho a cuestionar mis creencias y por
fin llegué a la conclusión de que no entendía ni
entendería nunca los dogmas de la fe católica y que
era absurdo que Dios, si había puesto dentro de mí
la capacidad de discernir entre lo creíble y lo increíble, se ocultara entre lo increíble y al mismo
tiempo me exigiera tener fe en Él. Si la fe es creer lo
que no se ve — pensaba yo — está en contra del
entendimiento, que es una de las potencias del
alma con que supuestamente nos creó Dios. Poco
tiempo después de que el cura Jota dejara de ser
párroco perdí definitivamente la fe.

❊ ❊ ❊

Cuando llegó el verano le propuse a Rosa que se fuera con los niños al pueblo, pero mi mujer se negó en redondo diciendo que aquella casa tan solitaria y triste le daba miedo. Yo creo que más que miedo, lo que le daba era rabia, pues a raíz de la muerte de mi madre tuvimos varias discusiones porque ella decía que todo lo que quedaba en el pueblo había que venderlo, que los vecinos que cuidaban la casa y el olivar se estaban aprovechando de mí, porque mantener aquello limpio no era suficiente pago por la cosecha de aceitunas que recogían cada año, que había que exigirles parte de lo que recibían por las aceitunas y que me habían cogido de idiota.

Como Rosa decía que no soportaba los meses de verano en Sevilla y no quería ir a mi pueblo, no hubo más remedio que buscar una playa. A partir del siguiente año estuvimos yendo cada verano a La Antilla. Rosa, como la mayoría de las mujeres españolas en aquellos años, nunca trabajó fuera de casa. Cuando los niños iniciaban las vacaciones de verano, se iba con ellos a la playa y regresaban cuando tenían que entrar al colegio. Como no me daban vacaciones en verano, mientras la familia estaba en la playa yo solamente podía ir los fines de semana. Nunca tuvimos vivienda propia en La Antilla porque nuestros recursos económicos no

nos lo permitían, pero al tercer año ya habíamos a-
palabrado para cada verano el alquiler de un piso
cerca del mar.

En aquellos tiempos era más difícil hacer los
ciento y pico de kilómetros que hay de Sevilla a la
costa de Huelva que venir hoy de Alemania o Suiza
a España. Comprar un coche solamente estaba al
alcance de la gente rica. Había que subir en la estación de la plaza de Armas a unos trenes lentísimos
que los sábados de verano iban abarrotados. Llegaban a Huelva después de parar en un rosario de
estaciones y luego había que trasladarse a las pla-
yas en unos autobuses sumamente incómodos.

A Rosa le gustaba intimar con los vecinos ve-
raneantes de los pisos, pero a mí me aburrían. Yo
prefería ir al puerto de El Terrón a ver los barcos o
conversar con los pescadores, muchos de ellos portugueses, que vivían en las casas viejas al otro lado
de la carretera, cosa que disgustaba mucho a Rosa.
Traté varias veces de convencerla a ella y los muchachos de que algún verano lo pasáramos en el
pueblo, pero siempre se negaron. Yo culpaba a Rosa de que los niños no quisieran ir, Rosa me culpaba a mí de que yo no quisiera que fueran donde a
ellos les gustaba y, a fin de cuentas, esto fue motivo
de muchas discusiones.

Por fin en 1965 pude comprar un *seíta*, como se le llamaba entonces al popular Seat 600. Me costó ochenta mil pesetas, que entonces para mí era mucho dinero, pero me daba una gran libertad de movimientos y me permitía en los veranos ir y regresar al lugar de veraneo de la familia con relativa facilidad.

Los niños iban creciendo y los tiempos cambiaban, haciendo necesarias muchas cosas que antes eran superfluas. Rosa aprovechaba cualquier oportunidad para recordarme que mis ingresos eran insuficientes para llegar a fin de mes y yo, que cada día estaba más frustrado por no poder atender sus exigencias, reaccionaba encerrándome dentro de mí y volviéndome menos comunicativo con mi familia. Me escapaba a mi pueblo cada vez que podía. Los años mágicos de mi niñez marcaron mi vida de una forma tan profunda que, a pesar de haberse producido durante una época de miedo, guerra y hambre para los adultos, para mí habían sido los mejores de mi vida. Ir al pueblo y recorrer los lugares donde transcurrió aquella infancia era un bálsamo que curaba todas mis heridas psíquicas y todo el estrés que me producía la selva de cemento en que me veía obligado a permanecer para sobrevivir.

Fernando terminó el bachillerato en 1974. Tratamos de que estudiara una carrera, pero no quiso. Se hizo tornero y ganaba un buen salario. Rocío sí entró en la Universidad a estudiar Filosofía y Letras.

❋ ❋ ❋

Franco había muerto el 20 de Noviembre de 1975 y en 1977 se celebraron las primeras elecciones. La legalización del Partido Comunista y otras sorpresas parecidas tenían asustados a los ricos que habían medrado a la sombra del gobierno e iban perdiendo las esperanzas de que las cosas siguieran igual. Las maletas llenas de dinero volaban a Suiza. El talante democrático del Rey lo atribuían los franquistas a debilidad ante las exigencias de los *rojos* y su miopía los llevaba a pensar que el propio monarca se estaba colocando la bomba debajo del trono y que en la posteridad sería conocido como Juan Carlos el Breve. Según lo que ha demostrado después, más justo sería que pasara a la Historia como Juan Carlos el Bravo.

En el trabajo las cosas andaban mal. La naciente democracia era especialmente nociva para los negocios del astuto Joaquín Luna. Los funcionarios del Gobierno, que tanto le habían ayudado mientras se ayudaban a sí mismos, todos ellos afectos al *ancien régime*, ya no funcionaban. El Gran Jefe, que ya estaba muy viejo, había ido entregando las riendas del negocio a sus dos hijos varones, criados en la abundancia y sin una pizca del talento de su padre. También tenía una hija, pero nunca la vimos en la oficina, posiblemente por mentalidad machista. De los hijos de don Joaquín, uno era un niñato con ínfulas de señorito sin ningún tacto para tratar a la gente y el otro, un vago para quien todo estaba bien. Se echaban en cara mutuamente sus defectos, sin importarles la presencia de los empleados. Aquel barco, con dos capitanes incapaces y enemigos que creían que podría navegar solo, pronto empezó a hacer agua. La empresa fue declarada en quiebra y los empleados empezamos a negociar las indemnizaciones que aceptaríamos por abandonarla.

Cuando quebró Pamosa ya había desaparecido la pantomima del Sindicato Vertical y los *leales colaboradores* de don Joaquín, que tantas veces habían dicho delante de él que los sindicatos libres lo único que querían era volver a los desórdenes y a la ruina que trajo la República, ahora que veían moribunda la que fue saludable empresa, buscaron sin asco para negociar sus indemnizaciones el amparo de un sindicato comunista, que parecía ser el más agresivo contra los *patronos chupasangres.*

Don Joaquín, que tenía buenas razones para no confiar en sus inexpertos hijos, atendía personalmente estas negociaciones. Todos los empleados lo trataban con evidente enemistad y un día pude observar a través de la puerta entreabierta de su despacho al mismísimo don Rafael el cajero, que había sido cancerbero fidelísimo de los intereses de la Empresa, exigiéndole a gritos a un don Joaquín humillado y cabizbajo su parte antes de que se agotaran los fondos. Varios días estuvieron los empleados enzarzados en abruptas negociaciones, de las que siempre salían con las caras largas. A mí me repugnaba la rebatiña con que aquellos buitres se disputaban los restos de *Pamosa* sin ninguna consideración por quien les llenó el estómago durante tantos años y, por lo tanto, nunca participé en aquellas reuniones.

Cuando me tocó firmar el acuerdo de mi indemnización me conformé con la primera oferta que me hizo don Joaquín, por más que el abogado laboral que envió el sindicato insistía en aumentarla. Yo no esperaba ninguna consideración de quien había sido mi omnipotente y engreído jefe para quien nunca merecí ni siquiera un *buenos días.* Pensé que no apreciaría mi esfuerzo por demostrar que yo era diferente de los otros y atribuiría mi conformismo a simple estupidez. Por eso me sorprendí cuando don Joaquín me dirigió una leve sonrisa, me estrechó la mano y musitó casi imperceptiblemente la palabra *gracias.*

Parece una tontería y quizá lo sea, pero a pesar de ser posiblemente el empleado peor retribuido por la Empresa, aquel día salí sonriendo, con la íntima sensación de que, después de tantos años, había dejado de ser invisible.

Logré una jubilación anticipada que, aunque no era la solución para mi escuálida economía, al menos ahuyentó el fantasma del desempleo a la edad de cincuenta y un años.

❋ ❋ ❋

Un día de 1980 Rocío trajo a la casa a un joven que se expresaba con soltura y tuvo la gentileza de pedirme la mano de mi hija. Le di la mano y todo lo demás (si es que podía darle algo que él ya no se hubiera tomado) sin tener ni idea de quién era. ¡Qué remedio! Después supe que el futuro yerno había terminado Derecho y estaba haciendo oposiciones. Si hubiera sido un vago sin oficio ni beneficio, también habría recibido luz verde, porque si no, lo más seguro sería que ella se hubiera ido con él por las malas, con peores consecuencias. Aquel mismo año, teniendo Rocío veintidós, se casó sin terminar la carrera. La prisa era tanta que a mí me dio que pensar, pero Rosa me aseguró que no era lo que yo maliciaba, sino que Roberto (Roberto era mi inminente yerno) había aprobado las oposiciones y por eso se casaban. No sé, no sé... Roberto empezó a trabajar en algo del Poder Judicial. Compraron un piso (a crédito, claro) cerca del nuestro, en una barriada nueva, lo amueblaron (a plazos, por supuesto) y ¡hala, a casarse!

La familia del novio de Rocío tenía una posición económica mucho más holgada que la nuestra y madre e hija se empeñaron en organizar una boda que agotó rápidamente nuestro escaso presupuesto. Hasta tuvimos que endeudarnos algo para cubrir las apariencias. Invitaron a medio mundo.

Algunos de los que asistieron a la boda eran viejos amigos de los tiempos en que Rosa y yo frecuentábamos la Parroquia y, recordando gente de la que hacía mucho que no sabíamos nada, me contaron que el cura Jota Pérez había colgado la sotana estando en América, se había casado y regresó a Sevilla. Uno de ellos me dijo que sabía dónde vivía y acordamos ir un día a visitarlo.

Jota Pérez se mostró contento de verme de nuevo después de tanto tiempo e iniciamos una amistad mucho más íntima que la que habíamos tenido en los tiempos de la Parroquia. Él tenía entonces cincuenta y seis años y no trabajaba por cuenta ajena. Decía que se había autojubilado y supongo que viviría de las rentas, pues fue hijo único de un terrateniente rico de la provincia de Jaén, ya difunto, con quien no tuvo buenas relaciones porque lo quiso poner al frente de la cuantiosa hacienda que poseía y él, en cambio, se hizo cura.

Entró en el seminario siendo ya licenciado en Derecho. Si se tiene en cuenta lo joven que era cuando
lo conocí con sotana, hay que llegar a la conclusión
de que, o bien terminó la carrera en un tiempo digno del libro Guinness o le conmutaron un montón
de asignaturas en el seminario.

Su mujer era costarricense y se llamaba Talía.
Era elegante y educada y, a pesar de los años, todavía se podía considerar guapa. Tampoco trabajaba
fuera de su casa. No tenían hijos. Una hermana de
ella, su esposo y cuatro chiquillos revoltosos vivían
en el piso de al lado. Parece que Talía, después de
buscarle un trabajo a su cuñado, los había traído de
Costa Rica hacía unos años. Daba la impresión de
que la mujer de Jota vivía más pendiente de su hermana y sus sobrinos que de su esposo, cosa que a
Jota no le importaba en absoluto. Yo, que desde que
me casé estaba agobiado por las muchas exigencias
familiares que nunca podía satisfacer con mi escaso salario, siempre envidié la independencia con-
yugal de que gozaba Jota. Los avatares domésticos
los resolvía Talía personalmente y mi amigo podía
dedicarse con entera libertad a deambular por
donde quisiera, comprar libros y revistas, leer,
escribir, asistir a cualquier espectáculo que le pareciera interesante o hacer lo que le diera la gana
sin que nadie le reclamara ni le prohibiera nada.
Claro está que esta libertad se debería a su inde-

pendencia económica, pero yo pensaba que el origen de su mujer tendría mucho que ver y estaba seguro de que no hubiera sido tan libre con una esposa española, por mucho dinero que tuviera.

Jota era una enciclopedia con patas. Tenía explicaciones exhaustivas para cualquier cosa que se le preguntara. Yo, que siempre tuve curiosidad por todo y nunca estuve seguro de nada, no me cansaba de admirar sus respuestas rotundas y sus decisiones acertadas. Conocía casi todos los países de América y varios del resto del mundo, mientras yo no había salido de tres provincias de Andalucía.

No aparentaba complejos ni prejuicios de ninguna clase. Cuando salíamos juntos a algún sitio se paraba a conversar con cuanto indigente o drogadicto encontrábamos. A pesar de que nunca les daba dinero, siempre le sacaban algo. Recuerdo una vez que íbamos por una calle céntrica de Sevilla siendo como las dos de la tarde y entramos a almorzar a un restaurante bastante lujoso. En la puerta había un sujeto barbudo y desarrapado que pedía limosnas. Jota, ni corto ni perezoso, lo agarró de un brazo y lo metió dentro diciendo que lo invitaba a almorzar. Por fortuna el camarero que acudió a servirnos se limitó a echarle a aquel bicho raro una mirada de asco. Si lo pone en la calle, estoy seguro de que Jota hubiera armado un escándalo. Varios clientes miraban y cuchicheaban y yo no sabía dónde meter la cara mientras Jota y su invitado comían y conversaban con el mismo desparpajo que si estuvieran en mitad del campo. Si era invierno y veía a alguien que se cubriera con una camisa sucia o rota, no dudaba en meterlo en cualquier tienda de ropa y comprarle un jersey o cualquier prenda de abrigo. Al principio me sorprendían estas quijotadas suyas, pero con el tiempo me fui acostumbrando. Le pregunté una vez si no sería más rentable para él tener amigos ricos. Me dijo: «Es difícil que un rico te pida, pero es muy fácil que te robe. Prefiero darle a quien tiene menos que yo a ser robado por quien tiene más».

Se interesaba por todas las cosas que a mí me gustaban. Tenía una respetable biblioteca y me recomendaba leer libros que después comentábamos juntos. Yo había escrito algunas cositas, como cuentos, poesía y ensayos, que no le había enseñado a nadie porque no veía que a nadie de mi entorno le interesaran esas cosas. Se las mostré a Jota, que opinó sobre ellas y me dio algunos valiosos consejos. También me dio a leer cosas que él había escrito y escuchó con seriedad mis pobres opiniones. La única explicación que yo veía a que aceptara mi compañía un hombre tan ilustrado, a cuyos conocimientos yo no podía aportar absolutamente nada, era que necesitaría alguien que lo escuchara, que fuera testigo de su sabiduría, como Don Quijote necesitaba a Sancho Panza o Sherlock Holmes necesitaba al Doctor Watson.

❋   ❋   ❋

Al año siguiente del casamiento de mi hija y de mi reencuentro con Jota, con los nueve meses muy puntuales, nació mi querida nieta Rosita. Era preciosa. Cuando salían sus padres nos traían la niña, por la comodidad de que vivíamos cerca de su casa. Una mirada y una sonrisa de ella eran suficientes para hacerme feliz.

Mi hijo Fernando tenía un amigo que se fue a trabajar a Holanda cuando quedó desempleado. Desde allí le escribía, supongo que contándole maravillas, porque un día de 1981, pocos meses después de nacer Rosita, nos sorprendió diciéndonos que se iba a Holanda. No pidiendo permiso, entiéndase bien, sino avisando de que se iba. Yo le dije que eso estaba bien para su amigo, que había quedado sin trabajo, pero que él no tenía necesidad. Su madre lloró. Su hermana discutió con él. Todo fue inútil y un día lo vimos subir a un tren con una maleta en la mano. Durante medio año escribió una vez al mes y durante tres o cuatro, cada seis meses.

En 1985 Fernando nos mandó una tarjeta elegante con unas palabras del idioma holandés impresas en tinta dorada, acompañada de una carta diciendo que se casaba. Ya tenía veintinueve años y la verdad es que era razonable que buscara esposa, pero así, sin que nosotros supiéramos quién era la novia... Le escribimos diciendo que por lo menos nos mandara algunas fotos del casamiento para que conociéramos a su prometida.

A los pocos días, en vez de mandar fotos, se presentó él mismo en la casa con su flamante esposa y su flamante coche que lucía atrás un óvalo con las letras NL. Yo había oído decir que los gallegos que emigran a Alemania o a América trabajan como esclavos hasta que ahorran lo suficiente para comprar un Mercedes y darse el gusto de restregárselo por las narices a los vecinos de su aldea. El coche de mi hijo no era un Mercedes, pero sí se notaba que era caro y yo no veía motivo para que quisiera provocar la envidia de nadie. Mi nuera era una chica portuguesa, emigrante igual que él, bastante guapa y que suplía su deficiente castellano con una perenne sonrisa que la hacía muy simpática. Después de estar dos días en Sevilla salieron camino de Huelva y Ayamonte para pasar a un pueblo del Algarbe donde vivían mis consuegros.

A pesar de que nuestro hijo siempre había sido muy emancipado, muy *suyo*, después de esta visita, al ver la independencia y seguridad con que hacía cosas que nosotros nunca habríamos hecho, me dio la molesta sensación de que se había convertido en un extraño. Cuando regresaron a Holanda ya no pa-

saron a visitarnos. Llegué a pensar que si la muchacha no hubiera tenido que pasar prácticamente
por nuestra puerta para ir a ver a sus padres, quizá
él no se hubiera molestado en venir a vernos.

Después nos mandó alguna postal por Navidad
durante tres o cuatro años hasta que se cansó y no
escribió más. Al final nos devolvían las cartas que
le mandábamos porque cambió de domicilio sin
molestarse en comunicárnoslo.

❋   ❋   ❋

Un día de la primavera de 1986 me llamó por teléfono Jota Pérez para decirme que alguien que conocía tenía una finca en un lugar remoto de la sierra de Huelva, que la había dividido en lotes y que
le ofrecía una parcela a muy buen precio. Como el
actual dueño no lo podría acompañar por tener que
viajar a Madrid y el lugar estaba en el término de
un pueblo vecino del mío, quería que fuera con él a
conocer el sitio. Le dije que yo no había andado
mucho por allí, pero sabía que era terreno muy
quebrado y que no pensara que podríamos llegar
ni con su coche ni con el mío. Dijo que el dueño de
la finca se ofreció a prestarle uno de tracción en las
cuatro ruedas y que, cuando lo tuviera, me avisaría
para que fuéramos juntos. Volvió a llamar para decirme que ya contaba con el coche y nos pusimos
de acuerdo para salir temprano el sábado siguien-

te. Llevábamos un mapa de la provincia de Huelva y un plano que le había hecho el dueño.

Al llegar a las afueras del pueblo en cuyo término municipal estaba la finca, encontramos a tres viejos que conversaban sentados en una pared de piedra que servía de linde a lo largo de la carretera. Paramos y les preguntamos por El Acebuche, que así se llamaba la finca. Uno de ellos se puso de pie, se quitó el cigarro de la boca, echó la boina sobre los ojos, inclinó el cuerpo hacia atrás para ver mejor a lo lejos y, señalando con la garrota, nos dijo: «¿Ven uhteh aquer collao que hay en mitá la sierra entre er canchá de piedrah blancah y er cahtañá?» Cuando vio que asentíamos con la cabeza prosiguió: «Poh por ahí tienen uhteh que pasá. Atraviesan er regaho La Rumorosa por donde hay un soto de aerfah (no se vayan a tirá por otro lao, que mah abaho ehtá mu hondo) y suben uhteh una umbría mu empiná que hay al otro lao. Ar llegá arriba se van a encontrá er cordé por donde traían anteh er ganao de Ehtremaúra. Sigan uhteh por er cordé siempre pal lao de poniente hahta que se topen con la portaílla del Acebuche. No tiene pérdida porque hay un letrero en un pohte.» Comparamos las indicaciones que nos dio el viejo con el plano que llevábamos y, viendo que coincidían, empezamos a subir por un carril infernal en dirección al collado.

Cuando llegamos arriba Jota paró el coche y creo que estuvimos más de diez minutos sin decir palabra, saboreando la belleza del paisaje. Desde el blanco deslumbrante de las cumbres, cuyas peñas desnudas reflejaban los rayos del sol, hasta la negrura de las umbrías por cuyas gargantas se oía correr el agua de los arroyos, la diversa vegetación de la sierra ofrecía todas las tonalidades del color verde hasta difuminarse en la distancia convertida en añil en los últimos cerros que se dibujaban contra el cielo. Las flores silvestres ofrecían toda la gama del arco iris en manchas caprichosas que salpicaban los prados donde pastaba el ganado. El pueblecito por donde habíamos pasado yacía allá abajo, en el valle, ocre de tejas y blanco de cal, sin más signos de actividad humana que dos o tres volutas de humo que ascendían perezosas de otras tantas chimeneas. Entre las casitas destacaba la espadaña de una pequeña iglesia y a un lado, sobre una eminencia del terreno, se erguía una ruinosa torre, resto de algún castillo que en siglos pasados cuidaría aquel villorrio como una clueca cuida a su parvada.

Bajamos por la otra ladera de la sierra dando tumbos sobre unos peñascales tremendos, entre carrascas y alcornoques, hasta que llegamos al regajo que nos indicó el viejo. En ambas orillas crecían álamos y chopos y frente a nosotros se reflejaba en un remanso un gigantesco sauce llorón. La corriente bajaba tan cristalina que no pudimos resistir la tentación de refrescarnos y beber en el cuenco de las manos, a pesar de que traíamos de Sevilla agua embotellada. Era evidente que por allí no se podía cruzar con el coche. Buscamos el adelfal por donde nos dijo el viejo que podríamos hacerlo. Sólo vimos juncos, aneas, mimbreras... Por fin, detrás de un recodo, apareció una mancha de adelfas, delante de la cual el cauce se abría como un abanico y el agua, de poco más de un palmo de profundidad, corría sobre un fondo plano de arena y pequeños cantos rodados. Al principio temimos que las ruedas se enterraran en la arena, pero el vado era más firme de lo que parecía y lo cruzamos sin ninguna dificultad.

Ahora nuestro camino de cabras trepaba casi en línea recta por una cuesta tan pendiente que nos dio miedo y anduvimos un rato buscando la forma de evitarla subiendo en zigzag. Fue imposible. El espeso monte bajo y las grandes peñas nos impedían meter el coche por ningún sitio que no fuera el dichoso carril que se disparaba hacia el cielo como una flecha. Por fin Jota, con su seguridad característica, se metió en el coche, lo arrancó y me gritó imperioso: «¡Sube!». Subí como un autómata y él lanzó el vehículo a toda mecha ladera arriba. Cada vez que el coche daba un salto me veía rodando por aquellos peñascales. Por fin llegamos a lo alto. Yo sudaba por todos los poros, el corazón latía desbocado y los dedos me dolían de agarrarme con todas mis fuerzas no sé ni dónde. Le dije a Jota que parara y me tiré a la sombra de una encina para reponerme del susto. Jota se me acercó sonriendo y me dijo: «¡Vamos, coño, que tenemos que ver la finca y si seguimos parando vamos a llegar de noche!». Ahora mi preocupación era que teníamos que bajar por aquel precipicio cuando regresáramos.

Llegamos a una meseta bastante llana. A pocos pasos de donde estábamos había un camino ancho y cómodo que debía ser el cordel que nos habían indicado. Más allá se extendía una dehesa, entre cuyas encinas se veía una laguna rodeada de gamonitas, por donde rondaba un bando de grullas. El cordel estaba flanqueado por dos lindes de piedra, una a cada lado. Lo seguimos hacia nuestra mano izquierda hasta que por fin vimos un portalón formado por dos postes cuadrados de ladrillo, en uno de los cuales había un letrero vertical que decía *Finca El Acebuche*.

Desde la entrada vimos a lo lejos un cortijo con las paredes descascarilladas y otros signos de abandono que íbamos notando a medida que nos acercábamos. De él salió un podenco que corría hacia nosotros con las orejas tiesas y ladrando furiosamente. Detrás venía un vejete con sombrero de empleita, zahones y polainas, llamando al perro para que no nos mordiera. Su boca desdentada dulcificaba con una amplia sonrisa el áspero rostro rugoso con barba de un par de semanas. Jota le anunció que veníamos de parte de don Guillermo (el dueño de la finca) a ver las parcelas que estaban en venta. El viejo nos dijo que se llamaba Hermógenes y que era el guarda. Subió con nosotros al coche y nos llevó hasta la falda de un cerro coronado de castaños y pinos piñoneros. Nos dijo que debíamos subir a pie hasta la cima para desde allí poder divisar todo lo que estaba en venta. Empezamos a trepar y cuando llegamos arriba ya íbamos Jota y yo jadeando mientras nuestro guía estaba tan fresco. Desde el cerro se veía casi toda la finca, que era bastante grande. Hacia el Sur había unas vegas de olivar y tierras de labor; hacia el Norte casi todo era terreno fragoso cubierto de monte bajo, castaños, alcornoques, quejigos, fresnos, etc., salpicado de enormes piedras berroqueñas. Más allá una tenue línea horizontal anunciaba la presencia de una masa de agua. El guarda nos dijo que se trataba de la cola de un pantano. Lo que habían separado para vender era la parte pedregosa y nos acercamos a ver las parcelas, que ya estaban amojonadas, aunque todavía ninguna se había vendido. Mientras bajábamos del cerro, el buen hombre se iba sincerando: «Claro que de<u>h-</u>

pueh de haber vihto uhteh la parte buena de la finca, se leh habrán quitao lah ganah de comprá por ehte lao. Porque eh lo que yo digo: ¿quién va a queré venirse a ehtoh monteh ande no se puede ni meté un arao pa sembrá un puñao de cebá; y menoh uhteh, acohtumbraoh a lah comodidadeh de una capitá?». Después nos miró, guiñó un ojo sonriendo y añadió: «Ehto, aquí entre nosotroh. Que no se vaya a enterá don Guillermo de que yo leh ehtoy abriendo los ohoh y me vaya a dehpedí». Jota se rio y le dijo: «Agradezco su honradez. Yo también voy a serle sincero: Esta parte llena de piedras y maleza es la que más me gusta, precisamente porque ahí nadie puede meter un arado ni cosa parecida. No quiero más vecinos ruidosos que los pájaros». Después Jota trató de imitarlo diciéndole: «Esto, aquí entre nosotros. No se vaya a enterar don Guillermo y me vaya a subir el precio».

La parte por donde bajábamos era más escabrosa que aquella por donde subimos. Nuestro guía, conocedor del terreno, con polainas y zahones, iba delante abriéndose paso a grandes zancadas entre las aulagas y las zarzas. Como vio que avanzábamos con dificultad, se acercó a un avellano que había por allí, sacó una piqueta que llevaba colgada de la cintura y en un momento nos cortó un par de bastones para que nos apoyáramos. Jota le dijo que le gustaría ver los lotes que estuvieran cerca de una corriente de agua que se veía desde el cerro. Hermógenes contestó que las parcelas próximas al regajo estaban en vaguadas muy hondas, pero si quería un terreno con agua le recomendaba un lugar muy soleado con una fuente que manaba todo el año.

Fuimos allá. Por todas partes se veían jaras, jaguarzos, charnecas, aulagas, retamas... Los espacios que no ocupaba el monte bajo eran parches polícromos de amapolas, magarzas, jaramagos, tomillo, romero, almoradux... Llegamos a una solana donde fluía un manantial entre dos grandes piedras de granito, cuya agua fresquísima bebimos. El agua formaba una pequeña poza rodeada de toronjil y trébol carretón y después se convertía en un riachuelo que iba saltando de peña en peña. Hermógenes le decía a Jota: «Si viera u_h_té como vienen aquí de noche lo_h_ cone_h_o_h_... Si e_h_ u_h_té aficionao a la cacería se va a da gu_h_to». Jota le contestó que por su parte los conejos podían estar tranquilos. Cerca de la fuente había una era empedrada que, según Hermógenes, había servido años atrás para trillar el zumaque que se da en abundancia por aquellos montes. Hermógenes nos dijo que descansáramos, que él vendría en unos minutos. Después se internó en un bosquecillo de fresnos próximo a la fuente.

Junto a la era había un nogal gigantesco a cuya sombra nos sentamos Jota y yo con las espaldas apoyadas en el tronco del árbol. Se respiraba una paz tan profunda que permanecimos casi media hora sin decir palabra, absortos en la naturaleza que nos rodeaba. Las mariposas besaban las flores y las aves rapaces dibujaban círculos en el azul purísimo del cielo, sobre unos inmensos farallones donde posiblemente tendrían sus nidos. El silencio sólo era roto por el canto de alguna cigarra, por el paso de la brisa entre las hojas del nogal, por el zumbido de los insectos que pululaban entre las flores o por la carrera nerviosa de alguna lagartija entre la hojarasca. Lejos, muy lejos, se oía de vez en cuando la esquila de alguna oveja o el ladrido de algún mastín. Cerré los ojos para concentrarme en identificar los olores que me traía el fino aire de la sierra. A veces predominaba el aroma de una planta, a veces predominaba el de otra. Por fin llegó Hermógenes, que había recogido unas tagarninas y unos espárragos trigueros. Jota no conocía las tagarninas ni sabía los nombres de muchas plantas y flores de las que estábamos rodeados. Preguntaba todo con su curiosidad innata y, aunque yo hubiera podido responder a la mayor parte de sus preguntas, dejaba que el viejo le contestara por no negarle el orgullo de saber cosas que supuestamente ignorábamos los de la ciudad.

Regresamos al cortijo cansados y hambrientos. El guarda lavó unos gurumelos que había cogido por la mañana y les puso un poco de sal. Luego alcanzó una parrilla que colgaba de la pared junto a la chimenea y los asó sobre las brasas. Los iba sacando de la parrilla pinchados en un palito y nos los ofrecía sobre tostadas de pan de pueblo untadas con ajo y aceite de oliva. También sacó un cantarillo de un pequeño zafariche que tenía en la cocina y nos ofreció leche de cabra y miel para endulzarla. Nosotros compartimos con él fiambre y tortilla de patatas que traíamos de Sevilla.

Jota le preguntó a Hermógenes el número de la parcela que le había gustado y el viejo tomó un papel enrollado de una tabla que había pegada a la campana de la chimenea y dándoselo a Jota dijo: «Ese plano me lo de<u>h</u>ó don Guillermo. Mírelo u<u>h</u>té mi<u>h</u>mo, que yo no entiendo de esa<u>h</u> cosa<u>h</u>». Jota abrió el plano, sacó del bolsillo de la camisa una agenda y un bolígrafo e hizo unas anotaciones.

De sobremesa conversamos un rato sentados en un poyo de mampostería que corría a todo lo largo de la fachada de aquel caserón viejo que evidentemente había pasado por mejores días. Hermógenes, que vivía en la finca sin más compañía que el podenco, dos gatos, un burro rucio, dos cochinas negras y cuatro cabras, estaba contento de tener alguien con quien charlar. Nos dijo que él era viudo, que tenía una hija en Valencia y un hijo en Alemania y que era guarda de El Acebuche desde que vivía el padre de don Guillermo. Decía: «No crean u<u>h</u>te<u>h</u> que e<u>h</u>to ha e<u>h</u>tao siempre como lo ven ahora. E<u>h</u>to ante<u>h</u> era un <u>h</u>erviero de <u>h</u>ente traba<u>h</u>ando; cuando no e<u>h</u>taban lo<u>h</u> talaore<u>h</u> talando, e<u>h</u>taban lo<u>h</u> gañane<u>h</u> arando o gradeando; cuando no e<u>h</u>taban lo<u>h</u> acitunero<u>h</u> reco<u>h</u>iendo la acituna, e<u>h</u>taban lo<u>h</u> porquero<u>h</u> con la piara cochino<u>h</u> en la montanera. La finca daba gu<u>h</u>to verla y sin embargo ahora... ya ven u<u>h</u>te<u>h</u>. ¿Qué puedo <u>h</u>acé yo solo, vie<u>h</u>o y sin fuerza<u>h</u>? Como don Guillermo se crio en Madrí, que allí lo mandó su padre a e<u>h</u>tudiá, na má<u>h</u> venía por aquí lo<u>h</u> verano<u>h</u> con arguno<u>h</u> amigo<u>h</u> a pega<u>h</u>le cuatro tiro<u>h</u> a la<u>h</u> perdice<u>h</u> y, claro, nunca supo na der campo. Ende que murió er vie<u>h</u>o e<u>h</u>to anda to manga por hombro. Pa podé vendé la finca ha habío que partirla en peazo<u>h</u> porque no hay nadie que la quiera comprá entera. Pero e<u>h</u>to<u>h</u> campo<u>h</u> ca día e<u>h</u>tán má<u>h</u> abandonao<u>h</u> y a mí me paece que va a sé difici encontrá quien quiera meterse en e<u>h</u>to<u>h</u> disierto<u>h</u>».

Daba la impresión de que el viejo no estaba muy interesado en tener vecinos. Le preguntamos si no tenía miedo de enfermarse en aquella soledad donde no podía comprar medicinas y nos respondió: «¡Pero, hombre, si yo tengo aquí la me<u>h</u>ó botica der mundo y la má<u>h</u> barata! Tengo ocali<u>h</u>to y mie par refriao, romero pa la calentura, poleo y yerbaluisa pa lo<u>h</u> dolore<u>h</u> de barriga, a<u>h</u>o y rúa pa la<u>h</u> lombrice<u>h</u>...» Yo le dije que aunque tuviera por allí las medicinas naturales, podría necesitar un médico, a lo que él contestó: «Ningún médico va a sabé me<u>h</u>ó que mi cuerpo lo que mi cuerpo necesita. Y cuando mi cuerpo me pide argo yo tengo tiempo y tranquilidá de sobra pa e<u>h</u>cucharlo».

Cuando Hermógenes supo que queríamos irnos antes de que nos cogiera la noche por aquellos senderos de pesadilla, sobre todo la empinadísima cuesta que ahora tendríamos que bajar, nos dijo que no había necesidad de regresar por donde habíamos venido, pues siguiendo el cordel hasta la carretera comarcal daríamos un gran rodeo, pero iríamos más seguros. «De to<u>h</u> modo<u>h</u> — nos dijo — si quieren u<u>h</u>te<u>h</u> quedarse a dormí aquí, arriba en er doblao hay un par de cama<u>h</u>tro<u>h</u> con uno <u>h</u>ergone<u>h</u> de pa<u>h</u>a centeno. No creo que tengan chinche<u>h</u> porque apena<u>h</u> la semana pasá lo<u>h</u> rocié con un cocimiento de corteza de aerfa<u>h</u>, que mata lo<u>h</u> bicho<u>h</u> me<u>h</u>ó que er fli que venden en er pueblo. Na má<u>h</u> me dicen y le<u>h</u> avío la<u>h</u> duerma<u>h</u> en un periquete». Le agradecimos a nuestro anfitrión la hospitalidad y, confortados con la idea de que no tendríamos que pasar al regreso por el calvario de la ida, regresamos a Sevilla recorriendo muchos más kilómetros, pero más tranquilos.

Jota me dijo por el camino que le agradaba aquello para hacerse una cabañita y pasarse allí unas temporadas tranquilo leyendo y escribiendo. Le dije que, si el lugar le gustaba también a Talía y a los cuñados y sobrinos, no le auguraba mucha tranquilidad, a lo que respondió que Talía no aguantaría estar más de dos días sin platicar con su hermana y, en cuanto a la cuñada, el cuñado y los sobrinos, vendrían si acaso un par de veces por la novedad, pero luego no soportarían el silencio y ya no aparecerían por allí ni amarrados.

Jota adquirió la parcela y a continuación compró un buen coche con tracción en las cuatro ruedas, propio para desplazarse por los caminos de la sierra. Después estuvimos un par de semanas averiguando precio de materiales, transporte, etc. con la idea de construir la cabaña. Yo, que ya no trabajaba, le ayudaba en lo que podía. Un día me enteré de que en un corralón que había sido depósito de Pamosa habían quedado algunos módulos prefabricados de los que la empresa usaba como oficinas portátiles cuando construía carreteras. Le sugerí a Jota que fuéramos a verlos. Eran del tamaño de un contenedor y tenían puertas, ventanas, tabiques interiores, etc. Venían ya instalados sobre ruedas. Llevaban varios años a la intemperie y estaban algo deteriorados, por lo que nos los daban a muy buen precio. Le dije a Jota que si compraba dos y los adosaba, podría hacer con ellos una vivienda aceptable. Sólo quiso comprar uno. Alquilamos un cabezal de camión articulado que llevó el módulo por la carretera y por el cordel hasta la entrada de la finca. Después contratamos un tractor de una dehesa vecina para que lo remolcara hasta la era que había cerca de la fuente, por ser ésta la única superficie horizontal que se podía encontrar en toda la parcela. La labor de arrastrar aquella mole por el camino pedregoso que conducía a la parcela no fue cosa fácil, pero con la habilidad del tractorista y la tenacidad de Jota al fin se logró. Después regresamos a Sevilla para proveernos de lo necesario y hacer de aquella jaula algo parecido a una vivienda.

Viendo las pocas cosas que Jota estaba comprando y consciente de que no se debía a escasez de efectivo, me permití hacer una lista de lo que a mi juicio sería necesario para la nueva casa. Anoté pintura, tablas, tubos, cables, tornillos, bisagras, un depósito de agua, una bomba de succión, una letrina, una cocina, un fregadero, un pequeño frigorífico, un televisor con su antena, una mesa y cuatro sillas, placas solares para obtener electricidad, herramientas de varias clases... Jota agarró la lista y fue tachando con un lápiz rojo más de la mitad de lo que yo había anotado. Dijo que ni él necesitaba tantas cosas ni creía que yo las necesitara, si es que quería alguna vez hacerle compañía. Le dije que pensara en Talía y en su familia, a lo que me contestó: «Pues claro que pienso en ellos; por eso no quiero que se sientan cómodos si vienen a visitarme. Si yo quisiera estar rodeado de la familia, con el piso de Sevilla tendría suficiente y no hubiera comprado la parcela».

Un par de viajes fueron necesarios para trasladar todo el material. El mobiliario de la nueva casa consistía en dos camas sencillas, una mesa y cuatro taburetes de corcho que compró en una hacienda cercana, una estantería para los libros, una cocinilla de campaña y poco más. Pintamos todo de blanco por dentro y por fuera y colocamos las cosas en su sitio. Sobre la puerta de entrada escribió Jota con unos bellos trazos caligráficos: *El Tonel de Diógenes.* Yo le dije: «Hombre, Jota, no seas exagerado, que si Diógenes vivía en un tonel, le sobraría casi todo lo que hay de esta puerta para adentro», a lo que Jota contestó: «Si Diógenes, en vez de haber vivido hace veintitrés o veinticuatro siglos, fuera contemporáneo nuestro, quizá habitaría en un módulo como éste».

Después de esperar un par de semanas en Sevilla para que la pintura se secara completamente, bien provistos de libros y latas de conservas, nos despedimos de las respectivas esposas. Cuando

Jota llegó a buscarme le dijo a Rosa que íbamos a inaugurar *El Tonel*. Rosa creyó que se trataría de algún bar nuevo y quedó estupefacta, pues no pensaba que fuéramos aficionados a empinar el codo.

Disfrutamos de la paz del campo por siete u ocho días. A la mañana siguiente de llegar, cuando desperté, ya Jota había preparado café con unas tostadas y manteca *colorá*. Después tuve una necesidad fisiológica y no supe dónde resolverla, en vista de que allí no había retrete ni cosa parecida. Le pregunté a Jota y me dijo que detrás de unas peñas que estaban como a un tiro de piedra a sotavento de la casa. Le pregunté si había traído papel higiénico y me contestó: «¡Joder! ¡Pues sí que eres tú melindroso! ¡Papel higiénico, para llenarme de basura el campo! Cuando le hice ver que más basura serían las múltiples catalinas con que quedaría salpicada su querida parcela, respondió que eso es abono que absorbe la tierra en un par de días, pero los papeles son las verdaderas inmundicias. Le pedí que me sugiriera cómo podría rematar la deposición, a lo que contestó: «Parece mentira que tú me preguntes eso siendo de pueblo. ¿Cómo crees que se limpian el culo todos los pastores y campesinos del mundo? ¿Cómo crees que se lo ha limpiado la humanidad por milenios, desde que nuestros antepasados bajaron de los árboles? Con lo que más abunda por aquí. ¡Con una piedra!» Ante

tan rotundos argumentos no me quedó más remedio que evacuar a cielo abierto mientras selec-
cionaba cuidadosamente el guijarro menos áspero
de cuantos me rodeaban.

Casi todos los días dedicábamos las mañanas a
pasear por aquellos contornos y las tardes y parte
de las noches a leer, escribir y conversar. Un día
que estábamos caminando por la orilla del pantano
descubrimos casi tapado por un gigantesco tilo un
embarcadero de tablas con una lancha amarrada a
una de las estacas que lo sostenían. La lancha era
de aluminio, con el fondo plano y dos asientos del
mismo metal, debajo de los cuales se veía un par de
remos. Jota me dijo que Hermógenes le había
hablado de aquella lancha que, según parece, habían olvidado los de la empresa constructora que
hizo la presa del pantano. Don Guillermo la usaba a
veces para cazar patos. Descansamos como diez
minutos sentados en los tablones del pequeño
muelle, a la sombra del tilo, y de pronto Jota saltó
dentro de la barca mientras me decía: «Sube, a ver
si esta cacerola nos lleva a aquella orilla, que dice
el viejo que allí está la cueva del Madroño y la vamos a explorar». Jota insertó los remos en los tole-
tes y se puso a remar. Desembarcamos en la orilla
opuesta, amarramos la *cacerola* a una carrasca y
pronto descubrimos la boca de la cueva. Jota debió
haber previsto lo que íbamos a hacer, porque lle-

vaba una linterna chica de pilas. Después de un pasadizo de unos diez metros, había una gran bóveda llena de estalactitas y estalagmitas desde donde se veían varios huecos, supuestas entradas de otros tantos túneles. El aire dentro de la cueva era fresco, pero de un olor acre. El suelo estaba liso y mullido, como cubierto por una alfombra húmeda donde iban quedando nuestras huellas. Cuando lo comenté con Jota, iluminó con la linterna el techo de la cueva, lleno de murciélagos que descansaban cabeza abajo, y dijo: «Son las cagadas de los inquilinos». Por fortuna a Jota no le dio por explorar más y pronto salimos de allí. Luego remamos un rato por el lago y regresamos al embarcadero.

A partir de entonces Jota se pasaba más tiempo refugiado en *El Tonel*, como él llamaba a su retiro campestre, que en su piso de Sevilla. Paseaba, leía y escribía. Yo me iba con él siempre que podía, a pesar de las protestas de Rosa que, descontenta por la disminución de nuestros ingresos desde que dejé de trabajar en Pamosa, me presionaba continuamente para que me dedicara a actividades más lucrativas que acompañar a Jota.

❋ ❋ ❋

A mí me parecía que Jota nunca se equivocaba, sobre todo cuando enfatizaba lo que decía alzando el dedo índice de su mano derecha, aquella mano con la que tantas veces había convertido el pan y el vino nada menos que en el cuerpo y la sangre de Dios; aquella mano con la que había incorporado a la Iglesia tantos cristianos sobre pilas bautismales y había hecho la señal de la cruz sobre tantos creyentes. Me recordaba la figura de un profeta bíblico. No sé si esto tendría algo que ver con el respeto, o incluso el miedo, que me habían producido todos los curas que conocí antes que a él, a la voz campanuda que poseía, a su vasta erudición o a la seguridad con que decía las cosas. Aunque se afeitaba casi todos los días, incluso en las largas temporadas de vivir salvajemente en El Acebuche, y normalmente usaba un pantalón de pana y una camisa con bolsillos, algunas veces lo había visto en sueños barbudo y enfundado en una túnica blanca. Una vez vi en una tienda de la calle Sierpes una estatuilla muy esquemática, muy estilizada, titulada *El Profeta* y, a pesar de que nunca he sido muy sensible al arte moderno, me gustó, la compré y se la regalé diciéndole, medio en broma y medio en serio, que era su retrato.

Cuando le dije que no entendía cómo, siendo un hombre culto y curioso, no se llevaba a El Tonel un televisor, que podría funcionar silenciosamente con placas solares o con la misma batería del coche, un ordenador portátil para escribir con comodidad, un teléfono móvil o un receptor de radio, me contestó: «Mira, Juan: No alimenta lo que se come, sino lo que se digiere. Uno de los problemas de la Humanidad en el mundo moderno es que recibimos mucha más información de la que podemos asimilar y a menudo el prefijo *in* de la palabra *información* pierde el significado de *dentro* para convertirse en una negación. ¿Para qué queremos atiborrarnos de noticias que no tendríamos tiempo de analizar y que además nos impedirían meditar sobre cosas más importantes?».

Aquel hombre siempre me sorprendía con algo interesante. ¡Cómo lamento no haber llevado una grabadora cada vez que fui con él a El Tonel o al menos haber tomado nota cada día de sus palabras! El tiempo transcurrido y la falta de memoria me impiden recordar la mayor parte de lo que aprendí de él. Trataré de anotar aunque sea en desorden y a medida que vaya acudiendo a mi mente, algo de lo que hacía o decía.

Recuerdo, por ejemplo, un día que estábamos dando un largo paseo por El Acebuche. Íbamos con sed y nos acercamos a uno de los arroyos de la finca. Yo me incliné a beber sobre una parte de la corriente que pasaba a la sombra de una higuera y Jota se fue a un pequeño remanso donde daba el sol. Cuando le dije que bebiera el agua que estaba a la sombra, que sería más fresca, me dijo que la que estaba al sol era más sana porque los rayos ultravioletas destruyen la mayoría de los gérmenes que puede traer el agua.

Otro día que paseábamos junto al lago se me ocurrió preguntarle qué anchura creía él que tendría por allí la cola del pantano. Me contestó: «¿Para qué especular si podemos averiguarlo con bastante exactitud?». Tomó un punto de referencia en la otra ribera, alineó con aquel punto unas varas que clavó en el suelo, con unas ramitas improvisó un compás para trazar unas líneas perpendiculares con las que formó dos triángulos rectángulos opuestos por el vértice, midió las líneas caminando sobre ellas poniendo un pie delante del otro, garabateó con un palito unos números en la tierra húmeda y no tardó ni cinco minutos en decirme los metros que había desde donde estábamos hasta la orilla opuesta. Yo quedé maravillado de cómo pudo averiguar tal cosa sin cinta métrica, ni papel, ni lápiz, y sin conocer más medidas que la longitud de sus zapatos.

Usaba el reloj de pulsera como una brújula, orientando hacia el sol la línea de las 12 a las 6 y encontrando el Norte mediante la bisectriz de no recuerdo qué ángulo.

Quizá estas cosas sean elementales para muchas personas, pero a mí me dejaban con la boca abierta.

Tenía respuestas para todo. Una vez le dije aquella perogrullada de que la vida es la única carrera en la que todos quieren llegar los últimos y me contestó: «Claro, porque no corremos; nos arrastran».

Muchas noches de verano, después de cenar, salíamos de la cabaña y nos tendíamos sobre la hierba, a la luz de la luna. La fresca brisa nocturna nos traía de cuando en cuando el dulce aroma de una dama de noche que crecía por allí cerca. Aprendimos a identificar las principales estrellas y constelaciones y conversábamos de mil cosas hasta que por la madrugada nos quedábamos dormidos, arrullados por el murmullo de la fuente, el chirrido de los grillos y las voces misteriosas de los mochuelos y los capachos.

Yo suponía que la renuncia al sacerdocio debía haber sido para él traumática, por lo que al principio trataba de no tocarle mucho el tema teológico, pero como conversábamos de todo lo habido y por haber, después fue inevitable hablar de estas cosas. Pude entender que él seguía siendo creyente y su conflicto no era con Dios, sino con la Iglesia.

Una vez le dije que si hay creyentes es porque la sed de justicia de los seres humanos se calma más fácilmente confiando en la bondad de Dios, por ser una mentira menos evidente, que en la bondad de los hombres, que es una mentira más palpable y que Dios, si existe, nos toma el pelo a los humanos porque, haciéndonos esclavos, nos da vocación de dioses. Me contestó que si yo no creía en Dios, mal podía creer que Dios nos tomara el pelo.

Cuando le dije que yo no consideraba sagrado ni respetable nada hecho por los hombres y que lo único sagrado para mí era la naturaleza, respondió que los seres humanos y las cosas hechas por ellos son tan respetables y tan sagrados como las rosas o los ruiseñores, puesto que todo es obra de Dios, aunque nos use a los humanos como sus instrumentos.

En cierta ocasión le dije que para mí la religión no es más que poesía y su respuesta fue: «¿Y te parece poco? ¡Claro que es poesía! Pero es que si no fuera por la poesía los seres humanos seguiríamos siendo los animales de los cuales procedemos. La poesía es el misterio en que está envuelto todo lo que no se sabe, pero se siente. Está más cerca de la verdad reconocer que no se sabe que creer que se sabe, luego es más real la poesía que la ciencia». «Pero Jota — le decía yo — la ciencia nos descubre las leyes o los métodos a que están sujetas las cosas». Jota respondía: «Nosotros somos los que tenemos que sujetarnos a esas leyes y a esos métodos para creer que entendemos las cosas. El hecho de que necesitemos un método para entender las cosas no significa que las cosas sean metódicas, sino que nuestra inteligencia es metódica, es decir, encasillada como la inteligencia de un ordenador. La poesía y la religión (que, como tú dices, es poesía también) no caben en ninguna jaula y es lo que distingue a los humanos de los ordenadores».

Recuerdo que un día acabábamos de llegar de Sevilla y nos recibió Hermógenes con un canasto de mimbre lleno de higos. Llevamos los higos a El Tonel y mientras los estábamos comiendo derivó la conversación a temas religiosos. Recordé un soneto que yo había escrito tiempo atrás pensando en las circunstancias que le deberían de haber llevado a rezar por primera vez a un ser humano. Decía más o menos esto:

> *El cielo se oscurece, el viento aumenta,*
> *deslumbran los relámpagos y braman*
> *los truenos y las nubes se derraman*
> *a chorros por el suelo; la tormenta*
> *a todo ser viviente que sustenta*
> *la tierra, ya sean fieras que proclaman*
> *rugiendo su poder o aves que aman*
> *el calor de sus nidos, amedrenta.*
> *Un hombre clama al Cielo. Ya pasado*
> *el mal tiempo, cree que sus inquietudes*
> *cesaron porque el Cielo lo ha escuchado.*
> *Su soberbia hace fe con actitudes*

sumisas y transforma así el pecado
mayor en la mayor de las virtudes.

Después que se lo recité siguió comiendo higos mientras me decía muy serio: «Eso es una herejía». Por un momento me acordé de los rostros severos de los curas del colegio. Después, quizá viendo el desconcierto reflejado en mi cara, se echó a reír y añadió: «Pero no tengas miedo, que la Inquisición fue abolida hace más de un siglo y los que hubieran deseado restablecerla ya están pasados de moda. ¿De verdad crees tú que si tuvieras fe estarías cometiendo un pecado de soberbia?» Le contesté: «Si yo creo que alguien con poder sobre el aire que envuelve a la Tierra y las tormentas que afligen a todos los seres vivientes me va a tener en cuenta a mí ¿cómo no voy a ser soberbio?» Jota agarró un higo por el pecíolo y dijo: «El sol, que tiene poder sobre tantos planetas, cometas y satélites, tuvo en cuenta a este higo, que vale menos que tú, para madurarlo». Yo insistí: «Pero es que ese higo está programado para que madure», a lo que respondió Jota: «¿Y acaso no es soberbia creer que a ti nadie te ha programado?».

Me dijo que yo era ateo por jactancia, como contrapeso de mi complejo de inferioridad, y no por convencimiento. No tenía pelos en la lengua para decirme lo que pensaba de mí y eso en el fondo me agradaba.

Su memoria descomunal le permitía citar párrafos enteros de los trabajos de diferentes pensadores antiguos y modernos, cuyos nombres el paso del tiempo ha hecho que se me olviden. Uno de los que más mencionaba era Pierre Teilhard de Chardin, de quien creo que había leído todas sus obras.

Decía que, igual que está previsto que las células de nuestro cuerpo mueran en un tiempo determinado y si no lo hacen así y siguen creciendo por su cuenta le producen cáncer al organismo al cual pertenecen y lo arrastran a la destrucción, los humanos también somos células de otros cuerpos superiores en los que ejercemos una función con nuestras breves vidas y debemos tener la humildad suficiente para aceptar que Dios nos ha puesto donde estamos con un propósito que no debemos violentar. Decía que los avances humanos, aunque parezcan fruto de sesudas decisiones, no son más que elementos destinados a que se cumplan los proyectos de Dios. Según él, el rumbo que lleva la Humanidad, si bien se debe a la voluntad humana, forma parte de un plan superior que guía nuestras inteligencias para sus fines. Era optimista porque sabía que, pase lo que pase, siempre sucederá lo que Dios tiene previsto. Yo le decía que si él creía que Dios tenía previsto su destino, no sabía qué lo motivaba a emprender trabajos, incluso a seguir viviendo. Él me contestaba que era la satisfacción de estar cumpliendo los planes de Dios. Nada más y nada menos. Yo le preguntaba: «¿Querrá entonces Dios que yo sea ateo?» y él me decía: «Puede ser».

Decía que las religiones, las razas, las patrias, etc. son mitos que las elites han fabricado para dominar las masas y protegerse de ellas y que los que fanatizan a la gente para que mueran defendiendo las mentiras que ellos mismos inventaron para su propio beneficio son unos delincuentes más peligrosos que los narcotraficantes.

Sostenía Jota que los mitos, con ser a veces tan malos, pueden beneficiar la salud del alma como las drogas pueden beneficiar la salud del cuerpo, siempre que entendamos lo que son y los consumamos en dosis moderadas; pero si los tragamos indiscriminadamente nos invaden, se apoderan de nosotros y nos hacen sus esclavos. Decía que porque uno tenga sed no se debe tirar de cabeza a un pozo.

El cristianismo que yo conocía era algo incuestionable e indiscutible; ya nos repetían en el colegio aquella frase que el evangelio de San Lucas pone en boca de Cristo: *El que no está conmigo está contra mí.* Tuve que vomitarlo por la imposibilidad de tragarlo entero y siempre me chocó que un hombre tan pragmático como Jota, que cuando decía que las religiones son mitos no hacía excepción de ninguna y que jamás trató de catequizarme, conservara la fe cristiana. Años después, cuando descubrí que Jota no era aquel hombre infalible que yo creía, pensé que quizá él consideraría al cristianismo como una droga benéfica, como una medicina del alma que había que consumir en dosis prudentes para evitar efectos secundarios. Nunca sabré si fue así, porque entonces Jota ya no podía contestar mis preguntas.

Con respecto a las drogas estupefacientes decía que el daño que su abuso y tráfico están haciendo a la Humanidad se debe al mito que se ha creado en torno a ellas convirtiéndolas en frutos prohibidos que estimulan la tentación, mito que desaparecería si se conocieran mejor, para lo cual sería necesario que todos los gobiernos del mundo se pusieran de acuerdo para legalizarlas al mismo tiempo, sin dar lugar a que se crearan paraísos para los delincuentes.

Había visto las discriminaciones y los mitos más insólitos, tanto en España como en el extranjero. Aseguraba haber conocido en otros países fulanos que, a pesar de ser rubios o con los ojos azules, están convencidos de ser descendientes de las semíticas doce tribus, aportan regularmente fondos para sostener el estado de Israel y no llaman paisanos a los que nacieron en el mismo país que ellos, sino a los que carecen de prepucio, les repugna la carne de marrano y van cada sábado a las sinagogas, aunque sean negros etíopes o hayan nacido y vivan en las antípodas. Decía que la discriminación religiosa se refuerza con la lingüística, como cuando David ben Gurión, nacido en Polonia, cambió su apellido Gruen por el de un legendario personaje judío y obligó a aprender y hablar hebreo a cuantos inmigrantes iban llegando al nuevo estado de Israel. Un palestino que había conocido en Colombia le había dicho que muchos musulmanes sólo se enteran cuando salen de su tierra de que también puede haber personas buenas que no recen en árabe.

También decía que la crueldad y el derecho son hermanos como Caín y Abel, porque tanto uno como el otro son hijos del miedo. El derecho no otorgó beneficios a los esclavos ni los otorga a los animales, no porque ellos fueran o sean irresponsables, sino porque a ellos no se les tiene miedo. Para que el derecho funcione tiene que ser instrumento del miedo. El fuerte hace leyes para desarmar al débil antes de que éste se haga fuerte.

En vez de criticar el egoísmo, decía que, como tantas cosas, no es malo si se hace de él un uso correcto; que todo el derecho y todas las normas de convivencia están basadas en el egoísmo. Decía: «Por egoísmo, no por bondad, queremos tener contento al vecino, no sea que se cabree y nos destruya porque, ya se sabe, no hay enemigo pequeño». Decía que a lo largo de la Historia siempre se ha tratado de apaciguar al prójimo, de alguna forma: Primero con el mito de la religión, después con el mito del patriotismo y últimamente con el mito de la democracia. «Pero, Jota — le decía yo — ¿qué sistema político hay mejor que la democracia?». «Ninguno — decía él — pero no deja de ser un mito. Cada individuo un voto: Muy bien. Pero como son más los que votan deslumbrados por la propaganda que los que votan convencidos por los méritos de los candidatos, ganarán siempre los que más relucen; no los que más valen. Los aspirantes a gobernar suelen serególatras y cleptómanos sedientos de poder y botín, con más vocación de histriones y demagogos que de estadistas; corruptos por necesidad, porque sin compromisos inconfesables pagaderos al llegar arriba no les permitirían sus compañeros de viaje acceder a ninguna candidatura, aun en elecciones limpias. Por eso el dinero mejor invertido del presupuesto nacional de cualquier país es el que se dedica a la educación de los ciudadanos que votan hoy o votarán mañana. Lo demás vendrá solo.

Solía decir que son más los que usan la cabeza para embestir que los que la usan para pensar y llaman más la atención los que embisten que los que piensan.

Opinaba que si le dedicáramos más tiempo a analizar las cosas que nos rodean, les perderíamos el miedo al comprobar que no son malas ni buenas y que el mal o el bien que generen es consecuencia del uso que se les dé.

Los muchos años de residir en América se le manifestaban a menudo en su forma de hablar. Con frecuencia decía *carro* por coche, *pendejo* por tonto, *platicar* por conversar, etc.

Había sido amigo del cura peruano Gustavo Gutiérrez y había asistido a la segunda conferencia de obispos de Medellín en 1968. Conoció al teólogo brasileño Leonardo Boff, al jesuita vasco Jon Sobrino y al nicaragüense Ernesto Cardenal. Decía que había estado hablando con el arzobispo Oscar Arnulfo Romero una semana antes de que lo asesinaran. En Brasil, por los años setenta, había sido coordinador de las *Comunidades de Base* que, siguiendo la Teología de la Liberación, se dedicaban a ayudar a los más necesitados aplicando la fe cristiana y la lectura de la Biblia a los asuntos políticos y cívicos que afectaban a los pobres. En el estado brasileño de Pará había trabajado con la Comisión Pastoral de la Tierra, con el MST y con los indios carajás y me aseguró que en más de una ocasión temió por su vida ante los ataques de los batallones pagados por los terratenientes.

Para él culpar a España o a Portugal de los problemas actuales de los indígenas de América no es más que hipocresía y demagogia. Decía que por la independencia no lucharon indios contra blancos ni cosa parecida, sino blancos ricos que querían ser libres de vender y comprar a quienes les diera la gana contra otros blancos ricos que querían conservar el imperio para seguir aprovechando un monopolio: Los intereses económicos, como siempre. A los indios, negros y pobres en general no les importaba para nada qué bandera veían ondear sobre las mansiones de quienes los explotaban. Por supuesto que hubo abusos durante la colonia, pero ¿qué fuerza moral tienen para denunciarlos los que no remediaron esos abusos cuando alcanzaron la independencia? Él creía que quienes mandan hoy en los países americanos son herederos y continuadores de los virreyes y gobernadores y no pueden culpar de las desgracias de los indios a nadie más que a ellos mismos, pero si no fuera así y los que mandan hoy fueran herederos de los oprimidos de ayer, es evidente que no han hecho nada por remediar la situación de sus supuestos hermanos, por lo que tampoco pueden culpar de los problemas de los indios a nadie más que a ellos mismos. «Los americanos — decía — tienen que olvidar polémicas étnicas estériles y admitir que, para bien o para mal, todos son mestizos. Aunque haya todavía quienes pertenezcan a alguna raza más o menos pura, nadie escapa al mestizaje cultural, y es la cultura lo que importa, no la raza. Decía que diferenciar a los seres humanos según su raza es relegarlos a la categoría de animales».

En aquel continente conoció Jota comunidades indígenas que habían perdido totalmente el idioma de sus antepasados mientras otras aún lo conservaban. Los que sólo hablaban castellano o portugués se consideraban *latinos*, mientras los que no habían olvidado la lengua ancestral, bilingües en su mayoría, se sentían indios. Esto ocasionaba cierta discriminación entre gentes étnicamente iguales. Ponía éste y otros ejemplos para demostrar lo perjudicial que es la diversidad de idiomas. Le daba mucha importancia a la necesidad de que se enseñara en todo el mundo una lengua común.

Decía que las religiones y los idiomas son los pretextos favoritos para que la gente se mate, pero aunque cada día hay más personas que prescinden de las religiones (al menos, de las religiones oficiales), nadie puede prescindir del lenguaje. No se explicaba cómo la Comunidad Económica Europea, donde acababan de ingresar Portugal y España completando doce países, reconocía como propios casi tantos idiomas como miembros, sin que a nadie que pudiera hacerlo se le hubiera ocurrido intentar unificar la lengua, a pesar de haber nacido en este continente los inventores del volapuk, el esperanto y otros proyectos de un idioma universal. Se estaba trabajando en la supresión de las aduanas y en la unificación de las monedas, pero decía Jota que por muy importante que sea para un alemán que visite Portugal o un irlandés que vaya a Grecia poder llegar a su destino sin trámites aduanales y pagar con la misma moneda que usa en su país, es aún más importante que pueda decirle al tendero lo que quiere comprar y que lea un periódico local en la misma lengua que le enseñaron en la escuela.

Consideraba que si Europa adoptara una lengua única, todos los países irían aprendiéndola poco a poco, porque es indudable que este continente ha sido, es y será por mucho tiempo el motor cultural del mundo. Ahora bien ¿qué *lingua franca* convendría aprender?

Yo le decía que el idioma de los tiempos modernos es el inglés y que lo que hay que hacer es fomentar la difusión de esa lengua, pero él protestaba diciendo que ése es el más irracional de los idiomas que se escriben con letras latinas y que su pronunciación está totalmente divorciada de la escritura. Hay que aprender las palabras habladas independientemente de las escritas, porque éstas van camino de convertirse en grupos de letras que forman ideogramas, retrocediendo varios milenios en la evolución del alfabeto. El hecho de que sea la

lengua oficial de algunos de los países más podero-
sos del mundo no le parecía motivo suficiente para
tener que aprender una cosa tan absurda. Además,
lo más conveniente es que, puestos a elegir una
lengua común, ésta no se considere patrimonio de
ningún grupo humano, sea totalmente regular y
tenga un vocabulario basado en los idiomas más
conocidos del mundo. Esas cualidades sólo las reúnen algunas lenguas artificiales, como el esperanto.

A mí me parecía que para que podamos hablar
todos en una sola lengua aún hay que vencer muchas dificultades y él contestaba que las únicas dificultades que hay que vencer son la patriotería de
pueblos ignorantes y el egoísmo de gobiernos demagogos y que si empezaran hoy a enseñar esperanto en las escuelas de toda Europa, en un par de
generaciones ningún viajero necesitaría diccionarios para viajar por el Mundo, lo que ayudaría
a que nos entendiéramos en todos los sentidos.

Por aquellos años ya empezaba a manifestarse
lo que Jota llamaba *la España Centrífuga*, como
reacción al centralismo franquista. Había un afán
febril por *indigenizar* (si se me permite la palabra),
topónimos, antropónimos y todo lo *indigenizable*.
La televisión y los periódicos decían *Lleida, Ou-
rense* y *Donosti*. Jota protestaba y yo le decía que es
evidente que el catalán, el gallego y el vasco son
idiomas distintos del castellano y que no entendía

su reticencia a que las palabras que pertenecen a esos idiomas se escriban y se pronuncien a su modo. Jota respondía que es normal que los nombres propios no castellanos se digan y se escriban en sus respectivos idiomas cuando se esté hablando o escribiendo en esas lenguas, pero no le parecía justo que por adoptar el nombre vernáculo tengamos que dejar de llamar a los lugares o a la gente como siempre los hemos llamado en idioma castellano. Es, decía Jota, como si tuviéramos que referirnos a Alemania como *Deutschland*, a Albania como *Shqipëri*, a Amberes como *Antwerpen* o al Danubio como *Donau, Dunaj, Dunav, Dunarea* o *Dunay*, que todos estos nombres recibe ese río en los diferentes países por donde pasa.

Relacionaba Jota el problema de los idiomas con el problema vasco. Decía que el concepto de *España* ha coincidido hasta hace poco tiempo con lo que los romanos llamaban *Hispania*, es decir con la Península Ibérica. Recuerdo un par de los varios ejemplos que citaba: El papa Juan XXI que, aunque nació en Lisboa en el siglo XIII siendo Portugal un reino independiente, fue conocido universalmente como Petrus Hispanus, es decir Pedro Español, y Luis de Camões, que todavía a finales del siglo XVI se refería a los portugueses como *"Ũa gente fortíssima de Espanha"*. Pero hay habitantes de esta península — añadía Jota — que pretenden no haber

sido nunca españoles porque una parte de la población de una parte del territorio que reclaman
habla, además del castellano, un idioma inmemorial sin parentesco alguno con los de las regiones limítrofes. Esta hispanofobia data del siglo XIX,
como reacción a la derrota de los carlistas, iden-
tificados con el tradicionalismo, y la supresión de
los fueros por parte de los liberales vencedores
que adoptaron el centralismo puesto de moda en
Europa por la "civilizada" Francia.

Decía Jota que el vasco y el castellano no son
tan dispares como nos lo han hecho creer. Los que
usan su lengua ancestral para alegar que no son españoles ocultan el hecho de que el idioma castellano nació entre gente que también hablaba vasco,
como lo demuestran las Glosas Emilianenses, donde aparecen juntas las primeras palabras escritas
que se conocen de ambos idiomas. Algunas cró-
nicas que relatan hazañas de los vascos en distintos episodios de la Reconquista, como la toma de
Sevilla o la batalla del Salado, los mencionan como
gente bilingüe que todavía hablaba "el antiguo idioma de los españoles". Si hasta la Edad Media existió
la tradición de que el vasco era el antiguo idioma
de los españoles, debe ser porque esta lengua o
aquélla de la cual procede se habló alguna vez en
extensas zonas de la Península. La sustitución de *f*
por *h* aspirada primero y por *h* muda después, la

igualación de los sonidos de la *b* y de la *v*, la pronunciación fuerte de la *r* inicial, la limitación a cinco sonidos vocales y otras singularidades de la
lengua castellana con respecto al resto de los idiomas neolatinos se deben a la influencia del idioma
vasco. El romance mozárabe, los dialectos asturia-
no, leonés y aragonés, así como los idiomas gallego,
portugués y catalán, todos tienen ciertas características comunes que faltan tanto en el castellano
como en el vasco. Se ha dicho que el portugués es
un castellano sin huesos y Jota decía que los huesos
del castellano son vascos. El idioma castellano conserva palabras vascas o de origen vasco tan comunes como *izquierda, chatarra, chabola, sapo,
ama, ascua, pizarra, chaparro, zamarra*, etc. Las
palabras castellanas adoptadas por el euskera son
infinitas. Nombres y apellidos que existen desde
que existe la lengua castellana, como García (el a-
pellido que más abunda en España), Jiménez, Ve-
lasco, etc., son de origen vasco.

Jota decía que toda la geografía hispánica está
salpicada de topónimos vascos o vascoides. Jota
mencionaba Turissa, antiguo nombre de Tossa de
Mar (de iturrizan = estar en la fuente) o la comarca
de Segarra (de sagarra = la manzana), ambos en
Cataluña; Iria Flavia (de hiria = la ciudad) o Bayona
(de ibaiona = el río bueno, que aquí podría ser la
ría buena), ambos en Galicia; Selaya (de zelaia = el

prado) en Cantabria; Ilíberis o Iliberri, antiguo nombre de Granada (de hiri berri = ciudad nueva); Ejea de los Caballeros en la provincia de Zaragoza (de etxea = la casa); el valle de Arán en la provincia de Lérida (de haran = valle); el río Turia (de iturria = la fuente); Chamartín en Madrid y en la provincia de Ávila (de aita Martín = padre Martín); Arriaca, antiguo nombre de Guadalajara (de harriaga = pedregal); Aspe en la provincia de Alicante (de haitzpe = bajo la peña) y otros que ahora no recuerdo.

Según Jota, sin el apoyo de los vascos Isabel I de Castilla no hubiera sido reina de España y la pertenencia de las Provincias Vascongadas al reino de Castilla ha hecho que la participación de los vascos en todas las empresas castellanas haya sido siempre abundante e importante. En la historia española de América continuamente tropezamos con apellidos vascos, desde el alba, con Diego de Arana (a quien Colón confió el primer asentamiento español en las Indias), hasta el ocaso, con Simón Bolívar. Un vasco de Guetaria sirviendo a Carlos I de España circundó por primera vez la Tierra, un vasco de Zumárraga hizo españolas las islas Filipinas, un vasco de Villafranca de Oria estableció la ruta que permitía a los galeones españoles navegar desde Manila a Acapulco atravesando sin escalas el mayor océano del mundo y otro vasco de Vitoria instituyó los derechos de los indios súbditos del rey de España, pero si Elcano, Legazpi, Urdaneta o Francisco de Vitoria hubieran vivido en este siglo no faltarían paisanos suyos que los acusaran de cipayos al servicio de la potencia invasora y los hicieran candidatos al tiro en la nuca.

Aceptaba Jota que los habitantes del País Vasco, ahora llamado Euskadi, y parte de Navarra tengan algunas características culturales y hasta antropológicas diferentes de las de sus vecinos, pero consideraba que igual podríamos decir de otras gentes del Norte de España, como los vaqueiros de alzada, los maragatos, los habitantes de los valles de Ansó y de Hecho, etc. sin que entre ellos se le haya ocurrido a nadie proclamarse independiente y matar a los que no estén de acuerdo. «¿Por qué — se preguntaba — ocurre esto en el País Vasco?» Respondía: «No te quepa duda de que es únicamente por el idioma».

Yo le decía que no creía que la unidad de España fuera sagrada ni mucho menos y que si los vascos quieren la independencia, pues que se la den y todos contentos, a lo que respondía Jota: «¡Claro que no es sagrada la unidad de España ni la de ningún otro país! A pesar de que Europa está en vías de borrar sus divisiones internas, lo cual me parece muy bien, los vascos son dueños de gobernarse como les dé la gana y si quieren la independencia nadie tiene derecho a negársela. Las fronteras son divisiones arbitrarias impuestas casi siempre por gente extraña a los pueblos que encierran, lo cual trae a menudo consecuencias desastrosas. El ejemplo más patético está en las líneas que dibujaron los europeos sobre el mapa de África cortando alegremente territorios tribales y antiguas naciones indígenas. La Hispania romana ha estado durante siglos haciendo y deshaciendo fronteras. Aún hoy las hay entre España, Andorra, Portugal y Gibraltar y porque haya una frontera más no va a pasar nada. Ocho siglos hace que Portugal es independiente y todavía se parece a Galicia como Valencia o las Baleares se parecen a Cataluña y cada vez que cruzo la frontera veo al otro lado la misma tierra y la misma gente con los mismos apellidos ligeramente alterados. Tres siglos llevan los británicos poblando Gibraltar con extranjeros y hoy sus descendientes, los llanitos, vociferan contra España usando la lengua y la pronunciación de los gaditanos. Ninguna frontera podrá evitar la hermandad de gente de apellidos vascos mezclados con apellidos castellanos, gallegos y catalanes con otra gente de apellidos castellanos, gallegos y catalanes mezclados con apellidos vascos, por más que quieran usar como cuña divisoria lo que en la Edad Media se llamaba "el antiguo idioma de los españoles". Hoy hay libertad constitucional para defender cualesquiera ideas y también hay canales legales para aplicarlas; lo que no se puede consentir es que unos delincuentes utilicen un ideal, por legítimo que sea, para extorsionar y matar. Creo que si en España hubiera un plebiscito sobre darles o no la independencia a los vascos, la mayoría de los españoles no vascos votaríamos que se la den para que nos dejen en paz, pero la mayoría de los vascos votaría que no se la den, porque tienen miedo a caer en manos de unos talibanes laicos que lo menos que harían sería aislarlos del mundo. ETA y los que la apoyan están trabajando más en contra de la independencia de los vascos que todos los "españolistas" juntos».

Nuestra común afición al cante hondo hizo que aquel ermitaño permitiera la entrada a El Tonel a un único electrodoméstico: Un tocadiscos de pilas que llevé para poder apreciar el arte de José Menese y de don Antonio Mairena.

Se lamentaba del error, muy extendido en el extranjero y aun dentro de España, de considerar al flamenco como algo privativo de los gitanos y decía que si fuera así se oiría cantar flamenco también en Rusia, Hungría y otros países donde existen comunidades gitanas numerosas. Sin embargo la música folclórica que se les atribuye a los gitanos centroeuropeos no tiene nada que ver con el flamenco. Aseguraba que las raíces del cante flamenco hay que buscarlas en la superposición de las canciones que los árabes trajeron de Oriente durante los casi ocho siglos de su dominación sobre el sustrato musical que encontraron en la Península. Era lo que cantaban los campesinos que hablaban árabe y lo que siguieron cantando los moriscos hasta su expulsión en 1609. *Campesino* en árabe se dice *fela* y de esta palabra más algún otro componente incierto viene el término *flamenco*. Después de llegar los gitanos a Andalucía en el siglo XV estuvieron más de cien años mezclándose con los moriscos y adoptando sus canciones, porque compartían con ellos marginalidad y discriminación por parte de los castellanos o payos. Los gitanos nunca fueron expulsados porque no profesaban religiones *peligrosas*, como los judíos o los musulmanes. Cuando los moriscos salieron, los gitanos pudieron expresar el flamenco impunemente, por no ser ellos sospechosos de practicar la religión de Mahoma ni de ayudar a los del otro lado del Estrecho a volver a invadir Al Ándalus. Algo parecido, aunque en menor escala, debió suceder con el bagaje folclórico de los sefarditas: Todavía hoy se le atribuye origen judío a las peteneras, por ejemplo. Decía Jota que esta circunstancia y la tendencia natural de los gitanos a ganarse la vida por medio de la farándula, la música y otras actividades de más habilidad que esfuerzo físico hicieron que fueran ellos quienes divulgaran las expresiones líricas que habían cultivado en privado los últimos musulmanes españoles, de tal modo que llegaron a identificarse, no sólo con los que cantan flamenco, sino con todos los andaluces. El sevillano, hijo de cántabro, Felipe González era entonces presidente del gobierno y decía Jota que había oído comentar en una ciudad de Galicia: «Mira cómo anda España, que estamos gobernados por un gitano».

Recuerdo que una tarde, después de haber escuchado varios discos de una antología de cante flamenco, Jota hizo un soneto que decía:

> *El Duende abrió de un navajazo fiero*
> *que sube del ombligo a la garganta*
> *las mártires entrañas del que canta*
> *llorando. Por el filo del acero*
> *fluye el cante, que es inri mensajero*
> *de la cruz en que el cantaó aguanta*
> *su sino y, tras sufrir dolor que espanta,*
> *la Gracia lo desclava del madero.*
> *Patrimonio de cien pueblos dispares*
> *que en el Sur de la hispana geografía*
> *compartieron sentires y pesares*
> *por siglos. Arte, fe y filosofía*
> *que se aprende viviendo en los hogares*
> *de los más pobres de la tierra mía.*

Al día siguiente, yo compuse este otro soneto para añadir al suyo:

> *Fandangos que escuché a mi madre en días*
> *de infancia. Soleares que la pena*

de regar con sudor la tierra ajena
arrancaba a mi padre. Bulerías,
*   seguiriyas, tarantas o alegrías*
que, como quien arrastra una cadena
cada tarde, acabada la faena,
venían cantando por las serranías
*   los jornaleros de mi pueblo. Cantes*
íntimos, expresión de sentimientos
personales, sin fama, sin brillantes
*   contratos, sin aplausos, sin inventos*
modernos y sin mezclas degradantes.
Eso es flamenco y lo demás son cuentos.

De vez en cuando nos divertíamos con estas justas literarias privadas que casi siempre iniciaba él y yo trataba de emular.

De todo hablamos (o *habló*, pues casi siempre yo me limitaba a preguntar y escuchar) durante aquellos días felices de estadía en El Tonel y si sólo menciono algunos temas es porque los años transcurridos menguan mi memoria y porque recuerdo mejor las opiniones de Jota relacionadas con sucesos posteriores que nos afectaron a ambos. A veces visitábamos a Hermógenes que, a pesar de ser analfabeto (o quizá por serlo), poseía una inteligencia natural extraordinaria y de quien aprendimos muchas cosas útiles. Recuerdo que un día Jota le preguntó qué opinaba sobre la contaminación y Hermógenes le dijo: «Miruhté, eso eh ehcupí par cielo: to lo que e<u>h</u>cupamo<u>h</u> no<u>h</u> va a caé en la cabeza». Después, en El Tonel, decía Jota: «Ese hombre, que nunca leyó un libro, tiene una idea de la ecología más clara que muchos que ostentan diplomas universitarios en sus despachos lujosos».

V

LA PIEDRA

Las frecuentes visitas a la cabaña de Jota hicieron que me olvidara algo de mi pueblo, porque a pesar de que en línea recta no dista mucho de El Acebuche, la comunicación por aquellos caminos fragosos era muy mala.

Como dije al principio, un día de 1987 fui allá con mi nieta. Apenas llegamos salimos a dar un paseo hasta el olivar. Bajamos por las calles empedradas que llevan al río. Hacía un tiempo agradable. Aunque algunas nubes blancas adornaban el azul del cielo, no parecía que fuera a llover, al menos por la mañana. Por la noche sí habría llovido con cierta intensidad porque las piedras de las calles estaban aún mojadas y en algunas pequeñas hondonadas había charquitos de agua cristalina. Las mujeres de mi pueblo tienen a gala ser muy limpias. A pesar de que la lluvia se había encargado de arrastrar el polvo o cualquier suciedad de la calle, algunas ya estaban barriendo frente a sus casas y en una esquina había una señora enlutada dándole una mano de cal a las bajeras de su facha-

da. A todas y cada una les dimos los buenos días.
«Vayuhté con Dioh» era la respuesta usual a mis
buenos días. Rosita, que imitaba como un loro todo
lo que oía, iba repitiendo por el camino: «Buenoh
díah, vayuhté con Dioh. Buenoh díah, vayuhté con
Dioh...».

Llegamos a la Rivera. Aparentemente había
llovido mucho en la sierra, porque la corriente venía bastante crecida. Agarré con fuerza de la mano
a Rosita no fuera a caerse al agua y bajamos por
una vereda estrecha que serpentea entre el cabezo
que sirve de base al pueblo y la margen izquierda
del río hasta llegar al llamado Puente Romano. Las
piedras del puente estaban muy pulidas por los
siglos que llevaban siendo pisadas y tuve que regañar a Rosita, que iba dando saltos y podía resbalar-
se.

Una vez en la margen derecha, pasamos junto
a las ruinas del molino que fue de mi abuelo y
seguimos unos cien metros corriente abajo hasta
llegar a un meandro en cuya parte convexa empezaba nuestro olivar. Al divisar la linde de piedra
de la finca busqué el portillo por donde penetra la
vereda y vi que estaba obstruido por unos palos
amarrados con alambre de púas. Aparentemente
Quico, mi vecino y cuidador de la finca, los había
colocado para impedir el paso a los extraños. Saltar
la pared de piedra con la niña no era cosa fácil, así

que preferí seguir la linde hasta la orilla del río. Las crecidas del pasado invierno habían dejado un extenso playón de arena y cantos rodados por donde íbamos pisando para evitar que el barro se nos pegara a los zapatos.

Rosita no paraba de hablar y comentaba todo lo que veía: «Abuelo, una amapola; abuelo, una mariposa; abuelo esto, abuelo lo otro». Se ensució de tierra la mano que yo no le llevaba agarrada. La solté un momento para buscar un lugar en la orilla del río donde pudiera lavársela y ella aprovechó para ponerse a hurgar en el ribazo. Vino hacia mí señalando una piedra blanca que sobresalía y empezó a decir: «Abuelo, letras. Abuelo, letras». Miré con cuidado y vi que la parte de la piedra que surgía de la tierra estaba lisa y tenía grabados unos signos ganchudos. Como Rosita entonces no sabía escribir, cuando trataba de imitar lo que escribíamos los mayores, hacía unos garabatos semejantes a aquéllos. Parecía algo escrito en un alfabeto extraño. Al principio pensé que fuera del tiempo de los moros, pero en seguida me di cuenta de que no podía ser porque el árabe se escribe de corrido y aquellos eran signos sueltos. Tiré de la piedra con todas mis fuerzas, pero parecía muy grande, porque no se movía. Al ver que yo solo no podría sacarla, embadurné de barro la parte expuesta para que pasara desapercibida y continué caminando con mi nieta. Entramos en el olivar y llegamos hasta una casilla destartalada donde Quico guardaba algunas herramientas y aperos de labranza. Después de comprobar que había un pico, una pala y tres azadas, herramientas suficientes para desenterrar la misteriosa piedra, tomé de nuevo a la niña de la mano y regresamos al pueblo. Rosita era muy parlanchina y yo temía que fuera contando por ahí lo que había descubierto, pero afortunadamente cuando volvimos a pasar junto a la piedra, como yo la había ocultado bien con barro, ella ni se acordó. Seguro que para Rosita eran más importantes las amapolas rojas o las mariposas amarillas que aquella piedra llena de garabatos.

Me pasé el día pensando cómo haría para desenterrar la piedra sin testigos, averiguar lo que pudiera sobre aquellas misteriosas letras y, después que supiera a ciencia cierta el valor de lo que habíamos descubierto, darlo a conocer tratando de sacarle el mayor provecho posible.

Por la tarde Quico me invitó a tomar algo en *El Andévalo*, el único bar decente que había en el pueblo. Dejamos a Rosita con la esposa de Quico, que era una buena mujer con la que la niña se llevaba de maravilla. Quico era un hombre apegado a la tierra que no sabía hablar más que de los problemas cotidianos relacionados con el campo y lo que éste pueda producir. Aunque de carácter más bien taciturno, al segundo o tercer vaso de tinto siempre empezaba a filosofar en voz alta. Para él lo único que realmente puede llamarse trabajo productivo es la agricultura, porque — decía — todos necesitamos comer y nadie puede digerir papeles ni máquinas, por lo que las ocupaciones de *artistas* y *escribientes* no son más que pasatiempos de zánganos que viven del sudor de los campesinos. A pesar de que yo había sido toda mi vida un *escribiente*, no se cohibía de decirme que no sabía cómo el campo daba para mantener tanto vago.

Aunque en otras ocasiones había encontrado interesante la gramática parda de Quico, aquel día no le pude poner atención porque estaba obsesionado con la misteriosa piedra.

Por la noche, a pesar de que estaba cansado, me costó trabajo conciliar el sueño. La imaginación se me desbocaba. Cuando era chico había oído varios relatos de gente que encontraba tesoros. Mi abuelo, por ejemplo, decía que la fortuna de don Genaro Soriano, apodado *El Tripero*, uno de los terratenientes más ricos del pueblo, tuvo su origen en una tinaja llena de monedas antiguas de oro que encontró su padre cuando estaba desbaratando un majano para hacer una calera en un pegujal miserable que era todo su patrimonio por entonces.

Todos los que contaban estos hallazgos decían que los afortunados siempre los mantenían en riguroso secreto para evitar que el Estado los despojara de sus fortunas, siendo por lo tanto imposible confirmar los hechos con los propios protagonistas. Las palabras *Estado*, *Hacienda* y *Contribución* siempre eran dichas con miedo y en voz baja, no faltando quien se santiguara al pronunciarlas, como si evocaran al mismísimo Satanás. Cuando llegaban los inspectores de Hacienda la noticia se expandía *sotto voce* como si al pueblo les hubieran caído de repente las siete plagas de Egipto. Jamás oí mencionarlos por sus cargos. Eran simplemente *los Tíos*. Cuando alguien decía *ya están ahí los Tíos* todo el mundo temblaba y yo, aunque nunca vi a ninguno, me los imaginaba vestidos de negro y con caras como de hombres lobos. Era natural que quien descubriera un tesoro no se expusiera a que se lo quitaran *los Tíos*.

¿Quién sabe si detrás de aquella misteriosa piedra habría también monedas u otros objetos valiosos? ¿Quién sabe si aquellas letras decían en algún idioma raro dónde cavar para encontrar el tesoro? Con las herramientas que había en la casilla del olivar se podría sacar la piedra, pero si era algo grande sería imposible que la transportara yo solo y menos de noche o con la rapidez y el sigilo necesarios para que nadie se enterara. La única persona con seriedad y juicio, capaz de ayudarme sin divulgar el secreto no podía ser otra más que Jota; pero Jota, si no estaba en Sevilla, estaría en El Tonel y allí no podría llegar yo con mi coche.

Como la noche del sábado no pude dormir hasta la madrugada, el domingo desperté casi a mediodía y después de almorzar me dispuse a partir ante la extrañeza de Quico y de su mujer, que no contaban con que nos iríamos tan temprano. Quería localizar a Jota para comunicarle el descubrimiento de la piedra y ver si me podría ayudar a desenterrarla, guardarla y valorarla.

Al llegar a Sevilla llamé a la casa de Jota desde un teléfono público para evitar que Rosa me oyera y averiguara el motivo de la llamada. Por fortuna mi amigo estaba en casa. Sólo le anuncié que tenía algo importante que decirle en riguroso secreto, por lo cual lo cité en un bar de los Jardines de Murillo que tiene una amplia terraza donde podríamos hablar cómodamente sin testigos. Jota se mostró muy interesado en el asunto y quedamos en ir en seguida a estudiar la extracción de la piedra.

Salimos el día siguiente por la tarde en su coche todoterreno. Dormimos en mi casa del pueblo y por la madrugada, evitando la presencia de testigos, fuimos a ver la piedra. Estaba enterrada verticalmente. Cavamos cuanto pudimos cada uno por un lado y la dichosa piedra no terminaba de salir. Era una losa de mármol blanco y, aunque algo rota por las esquinas, tenía una forma ligeramente rectangular. Una cara aparecía labrada rústicamente, pero la otra era lisa y pulida y estaba cubierta de signos grabados. Yo, que manejaba el único pico que teníamos, sacaba tierra por el lado tosco por no exponerme a dañar la escritura, mientras que Jota con una de las azadas excavaba por la parte escrita. Jota, en un alto que hizo para secarse el sudor de la frente, me dijo que aquello desde luego era griego, pero que debía ser un griego muy antiguo porque estaba escrito de derecha a izquierda y porque tenía algunos signos que él nunca había visto en los textos clásicos que le enseñaron en el seminario.

Después de cavar poco más de un metro apareció en la losa una línea vertical donde terminaban las letras griegas. Empezamos a moverla enérgicamente pensando que ya habíamos llegado a su fin y cuando había salido de la tierra algo menos de un palmo a continuación de dicha línea empezaron a aparecer otros signos diferentes.

El sol ya lucía bastante alto y por allí cerca se oían las esquilas de unas ovejas, los ladridos de un perro y los gritos de un pastor, por lo que, temerosos de que nos descubriera alguien, tiramos con todas nuestras fuerzas de aquella piedra sin lograr sacarla del barrizal en que estaba metida, cuando un *buenos días* a nuestras espaldas nos dejó perplejos. Me volví a mirar y vi a Quico, que nos observaba atentamente. Nos dijo que se había levantado temprano a regar una almáciga de tomates que tenía en la huerta y que se extrañaba de que hubiéramos madrugado más que él. Mi vecino ya conocía a Jota, pues lo había visto conmigo un par de veces en el pueblo. Yo no sabía qué historia inventar para satisfacer su curiosidad y le dije que don Jerónimo andaba buscando un trozo de mármol para el umbral de su casa y le parecía bueno aquél que habíamos visto allí medio enterrado. La patraña era algo gorda para ser tragada sin dificultad, pero yo confiaba más en la simplicidad de Quico que en mi habilidad para mentir. El buen hombre se ofreció en seguida para echarnos una mano y nosotros insistíamos en rechazar su ayuda mientras Jota trataba de estar siempre entre Quico y la piedra, no fuera éste a reparar en los signos que había en ella. Por fin lo apaciguamos diciéndole que fuera regando la almáciga antes de que subiera el sol, que nosotros lo esperaríamos para que, al regreso, nos ayudara a cargar el trozo de mármol en el coche.

Cuando hubo desaparecido Quico nos pusimos febrilmente a acabar de sacar la piedra y a cargarla. Por fin salió casi intacta. Pesaba una barbaridad.

Jota jadeaba y tenía la cara como un tomate. Se sentó en el suelo mientras yo corrí a buscar unos pedazos de corcho que vi tirados por allí. Abrimos la parte trasera del coche y doblamos el asiento posterior, que era abatible. Ya Jota tenía allí dos neumáticos viejos sobre los que descansaría la losa. La metimos con mucho trabajo, colocamos a los lados los pedazos de corcho como protección, cerramos el coche y arrancamos hacia El Tonel lentamente y procurando evitar los numerosos baches de aquellos caminos intransitables.

Desde una lomita que hay antes de doblar la primera curva miré hacia atrás y vi a Quico recogiendo las herramientas que habíamos dejado dispersas junto a la zanja. Me imagino la cara de extrañeza que pondría. Seguro que se encogería de hombros, se rascaría la sesera debajo de la boina y pensaría que cada vez entendía menos a la gente de las ciudades.

Después del lento viaje tratando de esquivar la topografía atroz del camino, llegamos a El Tonel. Todavía con nuestro tesoro dentro del coche, felices de estar en sitio seguro, nos dispusimos a comer algo, pues el esfuerzo y la emoción nos tenían hambrientos. Lo que más nos intrigaba era que la piedra contuviera otro tipo de escritura distinta del griego. Jota decía que, así como las letras griegas le eran familiares, no sabía lo que pudieran representar los otros signos. Varias veces se levantó del banco de corcho donde estaba sentado y, con el bocadillo de chorizo en una mano y hablando sin dejar de masticar, metía la cabeza en el coche para ver de nuevo aquellas letras raras y volvía a sentarse repitiendo que no tenía ni puñetera idea de qué podría ser aquello. Recuerdo que una de las veces que venía de mirar las letras levantó el índice de la mano derecha, como solía hacer cuando se le ocurría algo importante, y me dijo: «Creo que lo que está a la derecha del texto griego es una traducción a otro idioma, sabe Dios cuál, pues en la antigüedad cada idioma se solía escribir con un alfabeto distinto. Es posible que tengamos la clave para descifrar algún idioma desconocido. ¡Mira que si estuviéramos ante otra piedra de Rosetta..!». «Sería la piedra de Rosita», dije yo acordándome de mi nieta.

Desde que apareció aquella piedra yo había estado soñando con que detrás de ella pudiera haber alguna vasija repleta de monedas, como oí decir que encontraron otros en circunstancias parecidas, pero Jota no mencionó esa posibilidad ni una sola vez, a pesar de su entusiasmo y yo, por no parecerle prosaico, no me atreví a tocarle el tema del puchero lleno de oro.

Sacamos del coche la pesada piedra, la lavamos y secamos y, después de remarcar bien las letras con un pedazo de cisco, Jota se puso a tratar de leer el texto griego y, aunque entendía algunas palabras sueltas, no lo pudo traducir.

No paraba de especular sobre la naturaleza de aquellos signos raros mientras me pedía ayuda para arrimar a la pared la piedra en posición casi vertical, pues quería tomarle una foto. Luego salió a buscar unas macetas de geranios que tenía junto a la puerta de la cabaña y las puso a ambos lados. No contento con aquellos adornos florales, llamó a Briján, un gato carabinero que habitaba en la cabaña a condición de que no se alojaran en ella más inquilinos que los que él y Jota permitieran, y lo puso también delante de nuestro tesoro. Por lo visto al bicho no le atraían las inscripciones, pues cada vez que Jota lo situaba junto a ellas, salía disparado buscando alguna ubicación más de su agrado. Yo, que estaba molido y permanecía sentado en el suelo con la espalda pegada a la pared, no paraba de reír al ver la pugna de Briján con su anfitrión. Desde luego, apostaba por el gato, pero me equivoqué, pues Jota, consciente de que Briján era más adicto a la gastronomía que a la paleografía, vertió leche en un platito de plástico que colocó donde quería que el felino permaneciera, cargó la cámara fotográfica con un rollo nuevo y tomó una foto del conjunto antes de que el rebelde diera cuenta del improvisado yantar y se fuera.

Yo no me explicaba para qué querría Jota una foto de nuestra piedra rodeada de unas flores y un gato y le pregunté con sorna si la pondría en algún libro de texto de primaria como muestra de los tres reinos de la naturaleza: mineral, vegetal y animal. Jota me miró serio y dijo que si mandábamos revelar la foto únicamente con la losa, alguien podría sospechar que se trataba de algo importante y robarnos el descubrimiento, mientras que de esta forma el que revelara la foto pensaría que las flores y el gato eran más importantes que la piedra y sus inscripciones y no sospecharía. Le dije que tomara las fotos restantes del rollo para que no pareciera sospechoso mandarlo a revelar con una sola y respondió que las demás las tomaríamos sin que apareciéramos nosotros y en algún lugar lejos de allí, para que, incluso si alguien advirtiera la importancia de las inscripciones, no pudiera saber dónde estaban.

Después sacó de la guantera del coche un mapa de carreteras, lo abrió por la provincia de Huelva y me dijo que mi pueblo, por estar situado en un valle orientado de Noroeste a Sureste, está en la ruta natural que va desde la ría de Huelva hasta las minas de Riotinto, que esas minas han sido explotadas desde los tiempos más remotos, que los más antiguos pobladores de que se tiene noticia en esta parte de la Península fueron los tartesios, que proveyeron de diversos metales a varios pueblos del Mediterráneo oriental, siendo los griegos los primeros que dejaron constancia escrita de su existencia. Los fenicios, según decía Jota, también anduvieron por aquí, pero parece que los griegos llegaron primero. Los tartesios y los iberos eran pueblos parecidos que procedían de África y, si éstos disponían de un alfabeto ¿por qué no podrían haberlo tenido también los tartesios? Estos signos de la parte derecha de la piedra pudieran ser una traducción al tartesio del texto griego de la izquierda y si es así podríamos estar a un paso de saber qué idioma hablaban aquellos remotos antepasados nuestros.

Almorzamos pan, queso y algunos fiambres que Jota tenía, dormimos una pequeña siesta y a las cuatro de la tarde de aquel día memorable, después de dejar nuestro tesoro bien oculto en El Tonel, partimos para Sevilla.

Jota iba entusiasmadísimo. Por el camino me decía que no creyera que los arqueólogos, paleólogos, paleógrafos y demás eruditos en cosas antiguas constituían un coro de angelitos; que entre ellos hay gente mala que es capaz de cometer cualquier bajeza o delito con tal de atribuirse algún mérito; que habría que tener paciencia y no dar a conocer nuestro descubrimiento a nadie mientras no estuviéramos seguros de su importancia; que tendríamos que documentarnos bien para poder valorar lo que teníamos.

Antes de entrar en Sevilla, Jota, que iba conduciendo, se dio una palmada en la frente como si se acabara de acordar de algo y viró a la izquierda. Yo pensé que querría comprar algo en cualquiera de aquellos pueblos próximos a la capital y no le di importancia al cambio de ruta. Pasamos Santiponce y entramos a Itálica. Paró el coche y me dijo que tomaríamos las fotos que faltaban entre las ruinas romanas para que el hipotético espía pensara que nuestra piedra pertenecían a aquel sitio arqueológico.

Como se verá, Jota tomaba unas precauciones dignas de los agentes de la CIA o de la KGB. Lo primero que hizo el día siguiente fue llevar a revelar las fotos, pero no al estudio de un fotógrafo que había cerca de su casa, donde lo conocían, sino a otro que buscó en el extremo más lejano de la ciudad, dando para más seguridad un nombre falso. Le dijeron que regresara al día siguiente, pero él manifestó que era urgente y esperaría hasta que salieran las fotos. No quería que los negativos estuvieran en manos ajenas más tiempo que el imprescindible. Después que comprobó que la foto de la Piedra había salido clara, tiró las otras a la basura y recorrió las principales librerías de Sevilla buscando libros que trataran de los relatos de los navegantes griegos, de los tartesios, de los iberos, de los fenicios, etc.

Yo, por carecer de su erudición, apenas podía colaborar con él más que acompañándolo por las calles del centro, por ser mi coche menos consumidor de gasolina y más fácil de estacionar que el suyo. Los dos habíamos acordado mantener un riguroso secreto sobre la Piedra y nadie de nuestras respectivas familias sabía nada, por lo que no nos podíamos reunir para tratar del asunto ni en su casa ni en la mía.

Me dijo que ya había hecho un plan de trabajo para tratar de descifrar *la Piedra de Rosita*: Primero adquirió un buen diccionario y una gramática del griego clásico y andaba buscando algún libro sobre la evolución del alfabeto de dicha lengua desde sus orígenes para poder descifrar los signos que él desconocía y el significado de las palabras muy arcaicas que no aparecían en el diccionario. Al no hallarlo en ninguna librería, había acudido a la Universidad, donde le habían recomendado un libro aún no traducido al castellano, escrito por un inglés. Quedaron en averiguarle al día siguiente la dirección y el teléfono de la editorial para que le dijeran la forma de adquirirlo. Cuando hubiera traducido el texto griego, reuniría información sobre las inscripciones conocidas de la lengua ibérica en monedas, bronces, etc. Compararía la escritura ibérica con la de nuestra piedra por si hubiera alguna semejanza. El siguiente paso sería la traducción propiamente dicha, suponiendo, como él creía, que el texto griego y el otro expresaran lo mismo en las dos lenguas en que estaban escritos.

Aquella semana la pasamos buscando bibliografía especializada y continuamente protestaba de que en Sevilla no encontrábamos la documentación necesaria y lo peor era que no podía consultar con historiadores o arqueólogos para no revelar nuestro secreto. La semana siguiente Jota viajó a Madrid a buscar en las librerías y bibliotecas de la capital. Allí estuvo tres días. Regresó el viernes con más libros y dijo que partiríamos aquella misma noche para El Tonel con el material recopilado. No permanecimos en el bar que era nuestro lugar de encuentro en Sevilla más que el tiempo justo de consumir un par de cervezas, pues Jota quería comprar unas cosas antes de que cerraran las tiendas. Llevó un pico, una pala, unas grandes láminas de plástico, un rollo de soga de nailon y algunos comestibles. El camino desde la entrada de El Acebuche hasta El Tonel casi no era apto para transitarlo ni siquiera de día, pero el entusiasmo de Jota era tal, que insistió en salir aquella misma noche a pesar de mis protestas.

Para calmar la curiosidad de nuestras respectivas esposas, les habíamos dicho que estábamos

haciendo un estudio sobre las encinas y que nos
íbamos a la parcela de Jota porque allí abundaban.
Creo que ellas ya nos tenían por algo locos y, como
a las dos les aburría el campo, no protestaron por
nuestras chifladuras rurales ni pidieron hacernos
compañía, por todo lo cual estábamos muy felices.

Aquellos días trabajamos como enanos. De
momento no necesitábamos examinar por más
tiempo la Piedra, puesto que habíamos ampliado la
foto y los dos textos estaban muy claros. Decidi-
mos, por lo tanto, volver a enterrarla para evitar
que alguien más la viera. A la sombra del nogal
gigantesco que había detrás de la cabaña de Jota
estuvimos cavando toda la mañana. Cuando llegamos a una profundidad de un par de metros, trans-
portamos con mucho trabajo la Piedra ayudándo-
nos con la soga de nailon; después la envolvimos
con los plásticos, lo que no resultó nada sencillo, y
a continuación la colocamos suavemente en el fondo del hoyo por medio de la soga, de forma similar
a como se depositan los ataúdes en las tumbas;
luego paleamos dentro del hueco toda la tierra que
habíamos sacado, apisonándola bien para disimular.

Después almorzamos y a continuación Jota
limpió bien la mesa en la cual habíamos comido y
empezó a apilar sobre ella todos los libros que
había logrado reunir. Salí de la cabaña a lavar en la

fuente los platos que habíamos usado y recoger en una bolsa los desperdicios y al regresar lo vi bolígrafo en mano revisando los libros y tomando notas. Yo, que entonces tenía cincuenta y seis años de edad, no me tenía en pie después de haber estado toda la mañana cavando el escondite de nuestro valioso trozo de mármol y aquel superhombre, con seis años más que yo, no mostraba el menor signo de cansancio. Me senté junto a él por solidaridad, pero sin ganas de hacer nada. Jota no paraba de hojear, anotar y comentar y yo no paraba de bostezar, hasta que me miró, señaló al cuarto que nos servía de dormitorio y dijo con gesto imperativo: «¡Vete a dormir, coño, que no puedo concentrarme!».

Recibí la orden con sumo agradecimiento y estuve durmiendo casi hasta la hora de la cena. Cuando desperté todavía estaba Jota enfrascado en sus investigaciones, ahora alumbrándose con una lámpara de pilas. Me puse a preparar la cena y, cuando estuvo lista, Jota fue poniendo en el suelo con mucho cuidado los libros con numerosos registros entre las páginas, los cuadernos llenos de anotaciones, los mapas, lápices, bolígrafos y demás para dejar libre la única mesa que había. Mientras masticaba me iba poniendo al corriente de lo que había averiguado con relación a nuestro descubrimiento.

Me habló de tantas cosas, que hoy difícilmente las recuerdo.

Con respecto al texto griego, todavía tenía muchas dificultades y estaba pendiente de que le mandaran desde Londres el libro que había solicitado sobre las variaciones del griego arcaico. Me habló de los orígenes del alfabeto; de que el latino procede del etrusco y éste del griego y que el griego a su vez tiene su origen en el fenicio, etc. Me decía que los griegos, como los semitas del Norte, escribieron primero de derecha a izquierda, luego escribieron bustrófedon y desde el siglo V antes de Cristo, de izquierda a derecha. El texto griego de la Piedra debía ser muy antiguo, quizás de los focenses, porque estaba escrito de derecha a izquierda. Decía que el arqueólogo alemán Adolf Schulten, que había estado durante años buscando infructuosamente la ubicación de la capital de Tartesos, había descubierto en 1940 en el Sur de Portugal unas lápidas sepulcrales con inscripciones en un griego muy antiguo procedente del Asia Menor y que él tenía que averiguar dónde estaban esas lápidas o sus reproducciones para cotejar su escritura con la de nuestra piedra. Me contó que ha habido gente interesada en estudiar los textos antiguos relacionados con Tartesos desde varios siglos atrás y me mencionó las opiniones de varios de ellos.

Dijo que la Biblia cita varias veces a Tartesos con el nombre de Tarsis o Tarshish, lo que hace pensar que por el año mil antes de Cristo ya venían aquí los fenicios, súbditos o aliados del rey Salomón. También me habló de un texto cuneiforme, casi contemporáneo de las más antiguas citas bíblicas, donde un rey asirio dice que todos los reyes desde Chipre hasta Tarsisi se habían postrado a sus plantas. Me fue leyendo uno por uno todos los versículos de la Biblia relacionados con Tartesos. Recuerdo uno donde decía que los siervos de Hiram traían de Tarshish oro, plata, marfil, monos y pavos reales. Le dije a Jota que oro y plata, pasen; pero no creía que hubiera habido antiguamente en Andalucía marfil, monos o pavos reales. Jota respondió que las cosas cambian mucho con el paso de los siglos, que monos hay todavía hoy en Gibraltar, que si los cartagineses de Aníbal habían atravesado España, los Alpes e Italia con un ejército de elefantes ¿qué de extraño tenía que hubiera habido elefantes y marfil en la Península antes de los tiempos de Aníbal? También decía que bien podría ser que lo que los traductores entendieron como pavos reales fueran urogallos, faisanes u otras aves grandes y vistosas ya extintas.

Decía Jota que los tartesios eran afines a los iberos, pero que de los iberos se sabe bastante más que de los tartesios, que éstos ya estaban en la Península a principios de la Edad del Bronce y que, aunque emparentados con los iberos, habían llegado de África después que ellos. Me habló de un filólogo y arqueólogo alemán llamado Emil Hübner, que en la segunda mitad del siglo XIX recopiló las inscripciones ibéricas conocidas hasta entonces. Una de ellas, de Alcoy, está redactada en caracteres jonios, lo que nos puede dar idea de los sonidos de aquel idioma. El valor fonético de los signos ibéricos ha podido ser restablecido con alguna exactitud, pero no se sabe lo que significan las palabras compuestas con esos fonemas; es decir que podemos pronunciar las palabras, pero no sabemos lo que quieren decir. Me habló de un jesuita sevillano llamado Juan de Pineda, que vivió en el siglo XVI y dejó unos estudios sobre Tartesos. Recuerdo que citaba también a un tal Manuel Gómez Moreno y decía que era quien más ha estudiado el idioma ibérico, ampliando lo acopiado por el alemán Hübner. Según Gómez Moreno, el primer alfabeto de España es el tartesio, del que se conservan algunas inscripciones en unas monedas de la antigua Obulco (hoy Porcuna) y en ciertos plomos epigráficos. Las monedas de Obulco llevan los nombres de los jefes que las acuñaron. Esta escritura no separaba las palabras, se escribía de derecha a izquierda y tenía cierta tendencia a la espiral. Dice Gómez Moreno que esta escritura es anterior a la fenicia, lo cual es mucho decir. Muchos de sus signos concuerdan con otros posteriores usados por iberos levantinos y por celtíberos. Decía Jota que estaba buscando reproducciones de tales monedas y de los plomos para ver si esa escritura se parecía a la de nuestra piedra. También decía que algunos autores, como Juan Gaya Nuño, opinan que toda la variedad de escrituras de la España antigua viene de Tartesos, la cual tiene una ordenación vocálica anterior a la ibérica.

Jota me hablaba de la importancia que tuvo Tartesos desde tiempos muy remotos. Tradujo del latín para que yo pudiera leerlo el poema *Ora marítima*, donde se habla de *Tartessus*, escrito por un viajero romano llamado Rufus Festus Avienus en el siglo IV después de Cristo, pero basándose, decía, en documentos anteriores, algunos de hasta mil años antes. Parece que los griegos ya viajaban a Tartesos durante los siglos VII y VI antes de Cristo. Los cretenses, fenicios y griegos sacaban de Tartesos cobre, plomo y plata y es posible que el proceso de endurecimiento del cobre con el estaño, es decir el bronce, se haya descubierto en Tartesos. El estaño procedía de Galicia primero y de Cornualles después. En Galicia empezaron aleando oro con casiterita (mineral de estaño) y luego en Tartesos cobre con casiterita, dando lugar al bronce. Le pregunté a Jota que cuándo se calculaba que habían ocurrido estas cosas y me contestó que desde aproximadamente dos mil setecientos años antes de Cristo.

Decía que en el siglo VII antes de Cristo un griego de Samos llamado Kolaios visitó Tartesos y, animados por sus relatos, vinieron después los griegos focenses, que se relacionaron con el legendario rey Argantonio. Los focenses quedaron deslumbrados por la riqueza de Argantonio en agricultura y ganadería y sobre todo por el cobre de Riotinto y el estaño que iban a buscar al Norte. Hay constancia de que en su religión daban culto al sol, la luna y otros astros. También tenían dioses basados en ríos y montañas, a los que ofrecían sacrificios.

Me mostró citas de textos antiguos que parecen indicar que los griegos fueron los primeros pueblos históricos que tuvieron contacto con los tartesios, aunque aproximadamente desde el año mil cien antes de Cristo tuvieron mucha relación con los fenicios. En el ochocientos antes de Cristo los tartesios lucharon con los fenicios y éstos vencieron al rey Gerión, que según los griegos, tenía inmensos rebaños. Cincuenta años después cayó Tiro en poder de los asirios y los fenicios perdieron su supremacía, por lo que los tartesios volvieron a ser libres. Entre el 700 y el 500 antes de Cristo fue la época de apogeo de Tartesos, que dominaba por entonces la mayor parte del Sur de la Península, desde más allá del Guadiana hasta el Júcar.

Después vinieron los cartagineses y, tras éstos, los romanos, que llamaron turdetanos o túrdulos a los tartesios. El geógrafo griego Estrabón dice que había en Turdetania doscientas ciudades y el escritor romano Justino cuenta que Gárgoris fue el rey más antiguo de los cunetes (primeros habitantes del *Saltus Tartessiorum*). Gárgoris fue el descubridor del arte de aprovechar la miel. Una hija de Gárgoris tuvo un hijo sin casarse. Este rey trató de deshacerse de él abandonándolo en el monte, pero sobrevivió salvaje y un día, cogido en una trampa, lo llevaron a la presencia de Gárgoris, que lo reconoció, lo llamó Habis y lo nombró su heredero. Habis fue un héroe civilizador que dictó leyes y enseñó a cultivar la tierra con bueyes y arados, prohibió el trabajo a los nobles y repartió a la plebe en siete ciudades o en siete clases.

Todo esto y mucho más me dijo aquella noche. Hablaba tanto y tan rápido que me costaba trabajo interrumpirlo cuando quería preguntarle algo. A pesar de que debía tener frescos estos datos puesto que había estado toda la tarde leyendo y tomando apuntes, yo me maravillaba de su memoria prodigiosa, pues siguió citando nombres y fechas y toda clase de explicaciones durante la cena y varias horas después.

Jota estaba cada día más convencido de que lo que habíamos encontrado era un texto bilingüe griego-tartesio. Si estaba en lo cierto, verdaderamente tendríamos la clave para descifrar la escritura de la lengua de nuestros remotos ancestros. Pasó varios meses en una actividad febril. En el Museo de Huelva encontramos tres o cuatro fragmentos de cerámica muy antigua con algunos signos raros, pero no pudimos relacionarlos con los nuestros. Recorrimos durante varios días el sur de Portugal buscando epígrafes antiguos. Jota, que había vivido varios años en Brasil, hablaba muy bien portugués. Recuerdo que lo que más le interesó fue una losa de piedra caliza rota y restaurada de casi metro y medio de largo que vimos en un museo de Figueira da Foz, aunque nos dijeron que procedía del Algarbe, con algo más de setenta letras parecidas a las nuestras, escritas de derecha a izquierda y de abajo a arriba. Viajaba a lugares lejanos por el solo hecho de que había leído en alguna parte que allí había un museo arqueológico que contenía tal bronce o cuales monedas prerromanas. Visitaba bibliotecas importantes buscando libros que no encontraba en las librerías. Se pasaba días enteros metiendo las narices en diversas librerías de lance buscando viejos mamotretos cuyas ediciones ya estaban agotadas. Y todo con el sigilo propio de un espía; sin dar la cara, procurando que no llegara a oídos de ningún arqueólogo, anticuario o bicho viviente en general el secreto de aquella valiosa lápida que permanecía enterrada en un lugar remoto de Sierra Morena. Yo, debido a mi ignorancia, poco podía hacer aparte de acompañarlo.

Por fin pudo traducir satisfactoriamente las más de mil palabras del texto griego. Se trataba de cuarenta y tres artículos o leyes que un rey dictaba a propios y extraños (por eso las dos versiones) donde se exigía respeto a los dioses locales, a sus sacerdotes y a los funcionarios reales, se reglamentaba qué tipo de armas se les permitía llevar a los extranjeros, qué cantidad de sirvientes o esclavos podrían acompañarlos de acuerdo con la categoría de cada uno, se establecían unas complicadas equivalencias expresadas en unas medidas desconocidas para reglamentar el trueque de metales y otras mercancías por toda una serie de artículos de consumo, etc. Como las ordenanzas trataban de temas muy diversos, asimismo era grande la variedad de términos con que se expresaban, lo que hacía pensar a Jota que podríamos descubrir una cantidad importante de palabras nuevas si lográbamos traducir la versión tartesia.

La traducción de la versión tartesia fue lo más difícil para Jota. Se encerró en El Tonel y me entregó las llaves de su coche todoterreno para que yo pudiera movilizarme hasta Sevilla, pues decía que no saldría de allí hasta que hubiera descifrado aquellos garabatos ganchudos con la ayuda del texto griego de la propia Piedra más todo el material gráfico que había podido reunir. Tres meses seguidos de encierro le costó la traducción. Talía estaba asustada. Me decía que quería ir a verlo, temiendo que se hubiera enredado con alguna campesina. ¿Por qué las mujeres siempre piensan lo mismo cuando notan alguna conducta inusual en sus esposos? Yo, que sabía bien cuánto le estorbaría a Jota una visita de su mujer, trataba de calmarla inventándole mentiras. Cada fin de semana iba a visitarlo llevándole comida y ropa limpia y cada vez lo notaba más demacrado. Confieso que llegué a temer por su salud física o mental. Por fin un sábado lo encontré alegre y sonriente balanceándose en una hamaca que había improvisado amarrando una manta con unas cuerdas a las ramas del nogal. En seguida supe que había terminado.

Hizo café para los dos, nos sentamos a tomarlo y entre sorbo y sorbo me fue contando las peripecias de la traducción. El texto tartesio estaba escrito de derecha a izquierda sin solución de continuidad. Los textos ibéricos hallados hasta la fecha, de casi todos los cuales tenía Jota conocimiento, diferían poco del que habíamos encontrado. Decía Jota que la lengua de los iberos del Levante español, de la cual se conservan varias inscripciones, debía parecerse a la que hablaban los que escribie-

ron en nuestra Piedra como el portugués al castellano. Decía, además, que la traducción que acababa de hacer no solamente descifraba lo que decía
la lápida encontrada por nosotros, sino que también sería la clave para traducir otras inscripciones
consideradas ibéricas y encontradas anteriormen-
te.

Me contagió su entusiasmo y le pregunté
cuándo podríamos hacer pública la noticia y dónde
creía él que deberíamos anunciarla primero. Dijo
que todavía era pronto, pues a medida que iba co-
nociendo aquellas palabras iba aumentando en él
la sospecha de que algunos topónimos andaluces
prerromanos estarían relacionados con ellas y
quería verificar esto. Además veía cierta similitud
del idioma tartesio con el vasco y quería documen-
tarse bien sobre estos temas antes de publicar
nuestros descubrimientos.

Me dijo, por ejemplo, que las palabras Ilipa,
que los romanos daban a Alcalá del Río, e Ilípula,
nombre de varias ciudades de la Bética, contienen
el radical que los tartesios usaban para referirse a
las poblaciones. A los edificios colectivos que al-
bergaban a los esclavos se les daba en la Piedra un
nombre semejante a *tigi,* un elemento de la palabra
Astigi, con que los romanos se referían a Écija. Sos-
pechaba Jota que estos nombres estarían relacionados con el vasco actual *hiri,* que significa *ciudad*

y *tegi,* que significa *edificio*. La palabra que usaba nuestro texto tartesio para referirse al mineral tenía el elemento *karri*, que Jota pensaba que estaría relacionado con topónimos prerromanos como Carrión, Carmona, Carranque, El Carpio, etc. y con la palabra vasca *harri*, que significa *piedra*. Nuestro mármol nombraba algunos ríos con la palabra *bae*, de donde, según él, derivaría el nombre *Baetis*, que los romanos daban al Guadalquivir. En el vasco actual río se dice *ibai*. Me dio varios ejemplos más que no recuerdo ahora.

Aquella noche soñé que en las portadas de todos los periódicos aparecía la foto de nuestro pedazo de mármol, a un lado Jota, al otro lado yo y en medio mi nieta, con un título a toda plana que decía: *Niña de seis años realiza importante descubrimiento arqueológico*. Por la mañana le conté a Jota mi sueño y me dijo que no sería la primera vez que una niña o un niño hace un descubrimiento significativo: Las pinturas rupestres de la cueva de Altamira en realidad no fueron descubiertas por Marcelino de Sautuola, como se cree. Cuando éste visitaba la cueva en el verano de 1879 iba acompañado de su hija María, que tendría más o menos la edad de Rosita. La niña miró al techo y dijo señalando los famosos bisontes: *Papá, mira los toros*. La Dama de Elche fue descubierta en 1897 por Manuel Campello, un muchacho de catorce años.

A mediodía, después de almorzar, Jota guardó las fotos de la Piedra y los papeles de la traducción en una caja metálica que había comprado ex profeso, enterró la caja y partimos para Sevilla contentos como unas castañuelas.

La semana siguiente compró Jota un diccionario de topónimos españoles, un buen diccionario vasco y dos o tres libros relacionados con ese idioma. El sábado de madrugada salimos camino de El Acebuche.

Se quejaba Jota de que el vasco que se habla actualmente es tan poco vasco, que le era muy difícil seleccionar las palabras auténticamente vascas para compararlas con las de la Piedra. Le dije que debía ser así porque, aunque yo no conocía en absoluto tal idioma, entendía algunas de las pancartas y pintadas callejeras que veía por la televisión. No era difícil comprender que *Gernikako arbola* significa "El árbol de Guernica", que *Presoak kalera* quiere decir "Presos a la calle", que *ETA kanpora* es "ETA al campo" o "fuera ETA", que *kale borroka* se parece mucho a "bronca en la calle", que *bakea* debe venir del latín "pax, pacis", que significa "paz", etc. Jota mencionó de memoria como veinte ejemplos más. Recuerdo que se desesperaba al no encontrar una relación entre los nombres con que nuestra Piedra designaba los metales y los nombres de esos metales en el vasco actual. Los vascos

llaman al cobre *kobre*, palabra claramente adopta-
da del castellano, pero *urre* (oro), *zillar* (plata),
burdin (hierro), etc. no se parecían nada a las que
los tartesios usaban para denominar esos metales.
Después averiguó que tales nombres no son genuinamente vascos, pues tienen raíces celtas o de
otras lenguas indoeuropeas. Decía Jota que, a pesar
del racismo aberzale, no hay razón para descartar
el mestizaje de un pueblo cuya lengua ancestral es
tan mestiza. A pesar de estas dificultades, encontró
mucha similitud entre los dos idiomas, sobre todo
en la sintaxis de los verbos y otras características
básicas.

VI

EL MIEDO

El tiempo pasaba y Jota no decidía cuándo daríamos a conocer nuestro descubrimiento. Aquel hombre que había invertido tanto tiempo y dinero en el desciframiento de la Piedra, que se había quemado las pestañas traduciendo un idioma hasta entonces desconocido, que había pasado días y noches documentándose para estar seguro de la importancia de tal tesoro arqueológico, aquel hombre a quien siempre admiré por la seguridad con que tomaba sus decisiones, ahora que ya tenía todo resuelto no se atrevía a dar la cara. Cada día lo veía más taciturno e indeciso. Parecía Aníbal a las puertas de Roma. Durante dos semanas ni siquiera tocamos el tema.

Por fin un viernes me llamó por teléfono preguntándome si quería que fuéramos el sábado a El Tonel a conversar sobre *el asunto*. Le dije que sí, que eso era lo que estaba esperando desde hacía tiempo. Creo que Jota no abrió la boca en todo el camino. Si yo le mencionaba la Piedra, él me miraba de reojo y no decía nada. Cuando llegamos, yo

me puse a hacer café como era habitual y nos sentamos a la puerta de la cabaña con sendas tazas
humeantes en las manos.

Jota tomó un par de sorbos y empezó diciendo
que la Humanidad desde que existe ha estado fa-
bricando mitos para usarlos como pretextos en su
afán genocida; que no ha habido religión, patria,
ideas sociales o políticas que no estén manchadas
de sangre; que todo lo que se le ofrece al hombre,
el mismo hombre lo envenena... Así estuvo un rato
destilando pesimismo.

Yo, que siempre lo escuchaba con atención y
respeto, no osaba abrir la boca, pero me desesperaba y no comprendía que en vez de hablar con entusiasmo de hacer público nuestro descubrimiento,
anduviera largando fatalidades. De vez en cuando
miraba fijamente la taza de café sin dejar de hablar
como si fuera Hamlet contemplando la calavera de
Yorick.

Después habló durante un rato del daño que
hace a la Humanidad la diversidad de idiomas. Como ya dije, estos temas los habíamos comentado
varias veces con anterioridad y yo no acababa de
entender a qué venía divagar ahora sobre cosas
sabidas. No le presté mucha atención, pues estaba
impaciente esperando que me dijera cuándo y cómo creía él que deberíamos publicar lo que había-

mos encontrado y sus trabajos de traducción. Por fin fue al grano. Dijo que lo había meditado mucho y había llegado a la conclusión de que la publicación de la Piedra, si bien sería algo sensacional entre paleólogos, arqueólogos, historiadores y demás fauna intelectual, también podía desencadenar una ola de separatismo andaluz semejante al vasco, de consecuencias impredecibles, por lo que le haríamos un gran favor a la sociedad española y a la Humanidad en general destruyendo ese trozo de mármol y olvidándonos de su descubrimiento.

Aunque estábamos sentados a la puerta de la cabaña a plena luz del día, me pareció que un eclipse repentino me hubiera cegado. Por un momento sentí que la sangre se me bajaba a los pies. Permanecí un rato tan confuso que no acertaba a articular palabra alguna. Aquel hombre a quien siempre admiré por la sensatez, seguridad y certeza de sus afirmaciones, ahora se había vuelto loco de repente. Yo debía estar pálido y boquiabierto, porque noté que Jota me miraba algo alarmado mientras me decía: «Claro que ésta es una opinión mía. Si crees que estoy equivocado, puedes continuar adelante tú solo».

Por fin pude reaccionar y contesté: «Pero ¿qué dices? ¿Desde cuándo ha habido en Andalucía nacionalistas exaltados ni cosa parecida? ¡Si Andalucía es el arquetipo de lo español! ¡Si hasta los flamencos jerezanos cuando reivindican su tierra gritan "¡Ehpaña Heré!"! ¿Cómo vas tú a comparar Andalucía con el País Vasco?».

Me dijo que Andalucía se parece menos al resto de España que las demás comunidades autónomas y que el País Vasco se parece más al resto de España que Andalucía, que exaltados los hay en todas partes y que, si bien hay quien grita "¡Ehpaña Heré!", también hay quien dice "de Dehpeñaperroh parriba toh son alemaneh".

Yo insistí en que un puñado de palabras que él hubiera descifrado de esa piedra no podía ser suficiente para reconstruir un idioma hasta el punto de que se pueda enseñar en las escuelas o se pueda hablar normalmente y además vaya a ser el origen de un separatismo violento; que estaba de acuerdo en que el idioma vasco sea la causa o el pretexto para que cuatro exaltados estén dividiendo y atemorizando a la sociedad vasca y estén cometiendo las barbaridades que todo el mundo conoce, pero el idioma vasco se ha estado hablando desde tiempo inmemorial y el tartesio ha estado muerto por muchísimos siglos.

Respondió que comparando las palabras tartesias con las palabras vascas que se usan actualmente había podido comprobar que la mayor parte de los términos que no coinciden o no se parecen entre los dos idiomas, difieren porque el vasco los ha sustituido con préstamos celtas o de otras lenguas indoeuropeas, sobre todo latinas o castellanas; que si nos pusiéramos a mirar con lupa el idioma vasco que se habla hoy, quizá encontraríamos menos palabras genuinamente vascas que las que él había podido descifrar del idioma tartesio.

Yo le respondía que esa labor de asimilación de palabras ajenas se ha producido en el idioma vasco a través de muchos siglos de contactos con sus vecinos o invasores, mientras que lo que se pueda conocer hoy día del idioma tartesio ha estado congelado en esa piedra por miles de años.

Jota insistía en que el uso político de los idiomas, como de otras cosas, no se basa en nada lógico ni científico, sino en mitos, y que si se publicara el escaso vocabulario que él había descubierto, estaba seguro que no faltarían quienes inventaran las palabras necesarias para recrear el idioma tartesio y no sólo tendríamos los andaluces un idioma propio, sino algo que los vascos nunca tuvieron: un alfabeto propio. Empezaría primero la lucha contra el idioma castellano y después contra la ocupación "española", más real aquí que en el País Vasco, pues si de por allí cerca proceden los castellanos, aquí verdaderamente nos invadieron durante la Reconquista y nos han seguido invadiendo después. Poco faltaría ya para los tiros en la nuca y los coches-bombas. Hasta pudiera ser que los aberzales del Norte nos adoptaran a los andaluces como un protectorado o cosa parecida, teniendo en cuenta el parentesco de "nuestros idiomas" y nuestra lucha común por la independencia. Pondrían a nuestro servicio su "heroica" experiencia bélica de "tigre contra burro amarrao", como dicen en América. Continuando con sus especulaciones decía que más tarde o más temprano el Reino Unido soltaría Gibraltar y los llanitos clamarían por su independencia también, encontrando el apoyo de un movimiento independentista andaluz, lo que podría formar una verdadera mezcla explosiva. Terminaba diciendo que él no quería poner a Andalucía en ese peligro.

Yo le decía que él estaba suponiendo catástrofes gratuitamente, que no concebía que en Andalucía fuera a formarse algo parecido a ETA por muchas cosas antiguas que se descubrieran, pues aquí habremos tenido un imperio tartesio y todo lo que él quisiera, pero también tenemos sangre fenicia, griega, romana, judía, goda, árabe, de los bereberes que trajo la invasión musulmana y de los negros que trajo la trata de esclavos (en Sevilla hay una cofradía de Semana Santa fundada por negros en el siglo XIV y en Gibraleón subsisten todavía algunas familias negras que viven allí desde tiempo inmemorial), de los gitanos, de los centroeuropeos que trajo Carlos III para repoblar Sierra Morena... El pueblo andaluz debe ser uno de los más mestizos de Europa; ¿cómo creía él que aquí vaya a haber alguna vez un racismo violento como el de los aberzales vascos?

Él contestaba que por muy mestizos que seamos, la extraordinaria fuerza integradora de Andalucía hace que todo el que llegue aquí se olvide en seguida de sus orígenes y se vuelva andaluz en poco tiempo. «Hasta en el flamenco —decía— algo tan nuestro que se supone que para sentirlo y expresarlo hay que "mamarlo", se ha dado este fenómeno: Los gitanos, que son unos recién llegados, lo adoptaron como propio y Silverio Franconetti, hijo y nieto de italianos, fue uno de los más grandes cantaores flamencos que ha dado esta tierra». Decía que un pueblo con una personalidad tan marcada y además tan propenso a la fantasía es muy proclive a cualquier clase de extremismos, que aquí en Andalucía hay mucha gente que quiere a toda costa ser diferente del resto de España y del resto del mundo. Me contó que el erudito romano Plinio aseguraba que los turdetanos tenían más dientes que los demás hombres y el ilustre antropólogo vasco Julio Caro Baroja dice al respecto que en Andalucía abundan las bocas con dientes grandes muy visibles y que acaso influyan en el especial acento del país, acento o tono que puede descender del que percibían claramente los romanos cuando los naturales de Córdoba o de Itálica hablaban latín. Me contó que cuando Adriano, que nació en Itálica el año 76 y llegó a ser emperador de los romanos, siendo cuestor le dirigió una petición al senado de Roma, su latín era tan deficiente y su acento tan extraño, que provocó la risa de los senadores y que Caro Baroja dice que ciertos rasgos antropológicos de los andaluces actuales se hallaban ya en los turdetanos o tartesios. «Si un erudito tan serio y reconocido — decía — encuentra una relación antropológica de los andaluces actuales con los tartesios, a pesar de las mezclas posteriores con griegos, fenicios, romanos, vándalos, godos, árabes y demás, figúrate lo que pueden inventar los mitólogos y mitófilos locales si se les da motivo. Los mismos que lloran de emoción gritando "¡Viva nue<u>h</u>tra madre la Vigen der Rocío!" no necesitarían mucho para llorar de emoción gritando "¡Viva nuestro padre Gárgoris!" en la misma lengua que hablaba el legendario rey». Temía que después salieran a relucir los mártires de la patria andaluza, reales o inventados, desde Istolacio, que mucho antes de que naciera Viriato fue crucificado por Amílcar Barca por defender con la espada Tartesos contra los cartagineses, hasta Blas Infante, fusilado en 1936 por defender con la pluma Andalucía contra el totalitarismo. «Y ya se sabe — añadía —

que cada vez que entierran un mártir entierran una semilla. Blas Infante andaba buscando parentescos andaluces entre los moros de Marruecos a falta de fuentes más antiguas. ¿Te imaginas la que habría armado si hubiera llegado a sus manos nuestra Piedra? Las ideas separatistas y excluyentes se manifiestan de las formas más insólitas. Es como una bomba que los pueblos llevan dentro esperando siempre la chispa que la prenda».

Yo no acertaba a rebatir sus teorías y sólo pude decirle que si todos los que han descubierto o inventado algo hubieran sido tan timoratos como él, estaríamos todavía en la Edad de Piedra. Le dije que el año 1954, un día antes de que la televisión italiana empezara a emitir, ya estaba Pío XII escandalizado y advirtiendo de los peligros que acarrearía a la familia aquel invento demoníaco y que, aunque en algunos aspectos tuviera razón el Papa, no creo que nadie dude hoy de que han sido más los beneficios que ha aportado la televisión a la Humanidad que los perjuicios.

Entonces me dijo que unos años atrás, cuando vivía en los Estados Unidos, fue a Portland a visitar a un amigo que estudiaba en la Universidad de Oregon y su amigo quiso que conociera a Aaron Novick, que por aquellos años era decano de la Escuela de Graduados de dicha universidad y había sido uno de los que participaron en el proyecto Manhattan para desarrollar la bomba atómica. Este científico le contó que después de la primera prueba, que se hizo en 1945 en un desierto de Nuevo Méjico, mandaron un tanque guiado a distancia por un cable para que recogiera muestras de las piedras del borde del cráter que produjo la explosión. El equipo falló, pero Novick estaba tan ansioso por buscar las muestras, que se metió en un vehículo del Ejército y fue directamente al centro del cráter sin pensar en el peligro. Aún tenía las puntas de los dedos quemadas por la radiación. Tres semanas después, mientras él y sus compañeros trabajaban en el laboratorio, les llegó la noticia de la destrucción de Hiroshima y mientras sus colegas celebraban con gritos de alegría, él comprendió asustado lo diabólico que había sido su trabajo. Renunció para siempre a las investigaciones atómicas y dedicó el resto de su existencia a predicar la paz y advertir del peligro de las armas de destrucción masiva. Decía Jota que algo así debió pasarle a Saulo de Tarso cuando cayó del caballo camino de Damasco. Aarón Novick les confesó a Jota y a su amigo que le perseguiría hasta el día de su muerte el sentimiento de culpa y el arrepentimiento.

Después me dijo: «Cuando los exaltados andaluces aprendan el idioma de sus más remotos antepasados, empiecen a fundar "ikastolas" o como las quieran llamar y la violencia nacionalista se apodere de Andalucía dando a los mafiosos locales un pretexto para organizar comandos que anden matando gente y exigiendo "impuesto revolucionario" a los que queden vivos, no quisiera por nada del mundo que el sentimiento de culpa me amargue los días que me queden de vida, como a Aaron Novick».

Jota calló por unos minutos, sacó un pañuelo del bolsillo y se secó el sudor de la frente. Después me dijo con una voz cansada que yo nunca antes le había oído que él había fracasado al tratar de evitar que su padre explotara a los campesinos que trabajaban para él y que se hizo cura pensando ayudar a los necesitados y fracasó en España, por lo que pidió que lo mandaran a América. Allí se dio cuenta de que la Iglesia Católica no llenaba su vocación de servicio y fracasó como cura. Se casó y creía que también había fracasado como esposo. Me miró a los ojos y dijo: «Ahora que, desilusionado del mundo, trato de refugiarme en estos montes sin más compañía que mis pensamientos y tú, mi buen amigo, no me pidas que fracase de nuevo descubriendo el contenido de esa piedra, que puede ser la semilla del mito que están esperando los violentos de la España Centrífuga para predicar el odio entre hermanos».

Le dije que, si pensaba eso, bien podía haberlo dicho antes y se hubiera ahorrado él tanto trabajo de investigación y me hubiera ahorrado a mí tantas ilusiones vanas. Me respondió que, así como Aaron Novick no advirtió las consecuencias de su proyecto mientras estaba trabajando en él, así él tampoco se había percatado del peligro de su descubrimiento mientras no lo vio realizado.

Cuando me convencí de que no cambiaría de opinión y su deseo era hacer desaparecer la preciosa piedra que había descubierto mi nieta, sentí que también desaparecía dentro de mí el ídolo Jota que yo adoraba. Aunque exponía sus ideas con la misma rotundidad de siempre y llegó un momento en que mi ignorancia fue incapaz de rebatir sus razonamientos, yo internamente rechazaba con toda mi alma el hecho de que un descubrimiento tan grande, la cosa más importante que me había ocurrido y que podría ocurrirme en todos los días de mi intrascendente vida, se me escapara de las manos simplemente por el antojo de aquel loco. Yo había soñado con ver mi nombre, el de mi querida nieta y también el de Jota en los periódicos, en la televisión y hasta en los libros de texto; luego Jota y yo escribiríamos un libro contando las circunstancias del hallazgo, sería un éxito que nos dejaría a Jota y a mí jugosas ganancias y cuando Rosa viera los cheques de editoriales y revistas, comentaría orgullosa con amigas y vecinas y no me atosigaría más por mi incapacidad para ganar dinero. Mi nieta estaría muy contenta por haberse hecho famosa inesperadamente. Llamaría por teléfono Fernando y luego mandaría por correo un paquete de periódicos holandeses donde lo único que yo entendería sería mi nombre, el de Rosita y el de Jota. Yo no podía aceptar que todo aquello se desvaneciera en un momento. Yo no podía entender que la persona que más había luchado por hacer realidad aquel sueño quisiera ahora destruirlo. Claro que yo era libre de seguir adelante solo, pero ¿cómo podría hacerlo? Yo había contribuido muy poco a aquel éxito. Ni siquiera el descubrimiento fue obra mía, sino de mi nieta. La investigación histórica, la interpretación de los signos y todo lo que realmente tenía importancia era obra única y exclusivamente de Jota. Si Jota no quería involucrarse ¿con qué cara iba yo a atribuirme sus méritos? Cuando los expertos me preguntaran detalles sobre la traducción ¿qué podría yo decirles si ni siquiera conocía el alfabeto griego? Rápidamente se descubriría mi ignorancia, me tomarían por un farsante y alguno de aquellos orondos sabios que ocupan cátedras, dan conferencias y escriben libros fingiría que investigaba lo que Jota ya había investigado y se atribuiría el mérito. Definitivamente, yo solo no podía hacer nada aunque quisiera. Jota me obligaba a compartir su locura.

Todo esto lo pensaba yo mientras Jota hablaba y hablaba tratando de mostrarme los males que acarrearía la divulgación del descubrimiento y, por tanto, la necesidad de destruir la evidencia. Yo lo oía sin ganas de escucharlo ni argumentos para rebatir lo que decía. A pesar de lo insólito de su decisión con respecto a la Piedra, lo que más me impactó aquella tarde fue que aquel hombre aparentemente tan seguro de sus decisiones, que había llegado a sustituir en mi alma huérfana de comprensión y apoyo al padre que casi no conocí, me confesara que su vida había sido un fracaso y me rogara que no le permitiera caer en un fracaso más antes de terminar sus días.

En estos avatares transcurrió la tarde. Me fue entrando un fuerte dolor de cabeza y no era capaz de pensar nada. Le dije a Jota que no me sentía bien y me fui a la cama sin cenar.

Aquella noche dormí muy mal. El miedo a ver destruido nuestro descubrimiento me despertaba apenas cerraba los ojos. Tenía ganas de levantarme y pasear un poco, pero no quería que Jota me preguntara qué me pasaba. Fingía dormir y supongo que Jota hacía lo mismo, porque con frecuencia lo oía dar vueltas en la cama. Los pensamientos acudían a mi mente sin orden ni concierto. Aquel ídolo caído ya no me inspiraba respeto y mis sentimientos hacia él iban pendularmente de la adoración al odio sin pasar por la indiferencia, como suele suceder entre personas que se quieren. Pensaba por un momento que la actitud de Jota sería producida por la envidia, ya que al conocerse la noticia el mérito sería mío por ser yo, junto con mi nieta, el descubridor. Inmediatamente desechaba la idea y me arrepentía de imaginar tal cosa. También me venía no sé de dónde la sospecha de que estaría tratando de que me indispusiera con él para tener el pretexto de quedarse solo con el descubrimiento y más adelante atribuirse él todo el mérito. Al fin y al cabo el trozo de mármol estaba enterrado dentro de su propiedad y bien podría decir que fue allí donde lo encontró. A continuación me preguntaba a mí mismo cómo podía ocurrírseme que Jota fuera a hacer una cosa así.

Por la mañana andábamos los dos como sonámbulos y no mencionamos para nada el tema. Se apoderó de mí una angustia tremenda y necesitaba quitarme de la presencia de Jota como fuera. Inventé que tenía que hacer unas diligencias en mi pueblo y le pedí que me dejara allí, pues sin su coche era imposible salir de El Acebuche. Por el camino creo que no nos dirigimos la palabra. Cuando llegamos a la puerta de mi casa me preguntó: «Entonces ¿qué vamos a hacer con la Piedra?». Yo le contesté sin mirarlo: «Haz lo que quieras». Bajé del coche y me metí en mi casa sin invitarlo a entrar. Jota se fue.

No se me quitaba el dolor de cabeza. Salí a la farmacia a comprar un analgésico. Entré en el bar *El Andévalo* y pedí leche caliente para tomar la pastilla y un periódico a ver si leyendo me distraía de mis preocupaciones. En la portada del diario unas letras grandes clamaban: *COCHE-BOMBA MATA A TRES PERSONAS EN EL PAÍS VASCO.* Me dio la sensación de que el mismo Jota había escrito el titular. No me atreví a seguir hojeando. Cuando salía del bar el muchacho que me sirvió me gritó desde la barra: «¡Oiga, que se le queda el periódico!». Me detuve y le dije: «Gracias; ya lo he leído». Regresé a mi casa y me metí en la cama. Por fin pude dormir unas cuantas horas. Por la tarde un coche de alquiler me llevó a La Palma y allí esperé el autobús de línea que hace la ruta de Huelva a Sevilla.

Durante toda aquella semana no supe nada de Jota. El siguiente lunes me llamó Talía diciendo que si veía a su esposo, le recordara que tenía que estar en Sevilla el viernes para ser padrino de bautismo del hijo de unos amigos muy queridos de ellos. Le dije que al siguiente día alquilaría un coche de tracción en las cuatro ruedas, puesto que con el mío no podría llegar a El Acebuche, y que iría a verlo. En el fondo me alegraba de tener un pretexto para visitar a Jota después de nuestra incómoda despedida.

El martes a media mañana llegué a El Tonel con el coche alquilado. La puerta estaba entreabierta y salió a recibirme Briján restregándose en mis pantalones con el rabo tieso y maullando mansamente como cuando llegábamos y nos pedía comida. Jota no estaba. La puerta abierta indicaba que no andaría muy lejos, pero el hambre de Briján desmentía tal suposición. A veces bajaba a conversar con Hermógenes, por lo que me dirigí al cortijo. Allí tampoco estaba. Hermógenes me dijo que el día anterior le había pedido ayuda para desenterrar y cargar en el coche una losa de mármol que quería llevar a la barca. Le pregunté si él había visto en la losa algunas letras y dijo: «No creo que tuviera letra<u>h</u> de ninguna clase porque no era una lápida de tumba». El viejo creía que el único motivo para escribir sobre una piedra era que estuviera destinada a cubrir un cadáver. Por su contestación pude deducir que la deficiencia de su visión y la astucia de Jota le habrían impedido ver inscripción alguna.

Dejé a Hermógenes, regresé hasta El Tonel e inspeccioné el sitio donde habíamos enterrado la Piedra. La tierra estaba removida, la pala que trajimos de Sevilla estaba recostada al tronco del nogal y el viento movía unos pedazos de plástico por el suelo. No había duda de que la losa de mármol que Jota había llevado hasta la barca con ayuda de

Hermógenes era nuestra Piedra. Luego me acerqué a la orilla del pantano y allí estaba su coche, cerca del embarcadero y cerrado con llave. A través de los cristales vi el interior vacío. La barca no estaba.

Regresé al cortijo y le pregunté a Hermógenes si acompañó a Jota en la barca o si sabía hacia dónde iba con la losa. Me dijo que no, que solamente le ayudó a cargarla y que, aunque se ofreció a acompañarlo para descargarla después, él le dijo que sería peligroso que le metieran más peso a aquella *cacerola*, como él llamaba a la barca.

Me despedí de Hermógenes y llegué al pueblo en cuyo término está El Acebuche, dispuesto a dar parte a la Guardia Civil. Antes llamé por teléfono a Talía, le conté los hechos y le dije que me proponía avisar a las autoridades. Aunque yo trataba de no dramatizar, debía notárseme el desasosiego, porque ella me dijo con voz tranquila que no me preocupara, que a Jerónimo le gustaba perderse de vez en cuando. Me contó que una vez, cuando vivían en San José de Costa Rica, fue a un lugar de la costa del Atlántico a resolver un asunto y regresar en el día, pero pasó una semana y, viendo que no aparecía, ella avisó a la Guardia Rural y por fin lo encontraron en una tribu de indios en la frontera con Panamá. Después me decía: «Yo antes me preocupaba, pero ya me acostumbré».

La tranquilidad de Talía me dio un poco de ánimo. Quizá a aquel loco le habría dado por irse a algún sitio sin decírselo a nadie. Pero ¿por qué se llevó aquel trozo de mármol? ¿Qué pensaría hacer con él? En las orillas del pantano no había ningún pueblo. Además, con lo celoso que era de que nadie supiera de la existencia de la Piedra, era improbable que la quisiera llevar a ninguna población. Más segura que donde había estado enterrada no creo que estuviera en ningún sitio. Si se la llevó de allí, la única explicación era que no querría que yo la encontrara. Era una fea acción. A fin de cuentas, la Piedra la habíamos descubierto mi nieta y yo en mi propiedad, luego era mía. ¿Quién le dio permiso para llevársela de donde estaba? Recordé la cueva del Madroño. ¿Escondería allí la Piedra para evitar que yo la descubriera? De pronto me sentí mal conmigo mismo pensando que quizá mi preocupación se debía más a la desaparición de la Piedra que a la desaparición de Jota.

Compré una linterna en la única tienda que había en aquel pueblo desde donde había llamado a Talía y le pregunté al dueño por dónde podría llegar desde allí a la cueva del Madroño. «Es que soy biólogo ¿sabe usted? — mentí — y estoy estudiando los murciélagos». El abacero salió a la puerta para indicarme el rumbo que debía seguir, luego arrancó una tarama de un haz de leña que había

junto a la fachada y empezó a dibujar un plano ara-
ñando con la ramita en el polvo de la calle. Un zagalón que estaba mirando con cara de bobo se ofreció
a guiarme y, ante mi negativa, me dijo: «¡Oiga u<u>h</u>té,
que no le vi a cobrá na! E<u>h</u> que se va u<u>h</u>té a perdé».
El tendero me dijo que haría bien si me llevaba al
muchacho y entonces pensé que me haría más sospechoso yendo solo que acompañado, por lo que a-
cepté. Metimos el coche por unas trochas horroro-
sas y por fin divisamos la entrada de la cueva. La
verdad es que difícilmente hubiera llegado yo solo.
Mi ayudante me preguntó si cogeríamos los murciélagos con alguna red o con qué, a lo que contesté
sin dudarlo: «Con las manos». Mi improvisado ede-
cán me miró incrédulo y dijo: «¡Oiga u<u>h</u>té, que eso<u>h</u>
bicho<u>h</u> muerden!» Respondí que nosotros los cien-
tíficos teníamos métodos para que no nos hicieran
daño los animales que atrapábamos y a continuación le dije que cuidara el coche mientras yo entraba a la cueva. Me aseguró que nadie vendría por
aquellos andurriales a robar el coche y que por
nada del mundo se iba él a perder verme atrapar
los murciélagos con las manos. Maldije la hora en
que me eché encima aquella pejiguera. Tuve que
decirle que esperaba a un colega que vendría en
una barca por el pantano y él tendría que quedarse
fuera para avisarme si llegaba. Saqué unos papeles
y un bolígrafo para disimular el motivo de mi visita
a la cueva y me interné linterna en mano mirando

por todos los rincones por si Jota hubiera escondido nuestro tesoro allí dentro. La alfombra de excremento de murciélago que tapizaba el piso de la caverna había conservado las huellas de Jota y las mías desde el día que la visitamos. Como yo había salido detrás de él, en los pasadizos estrechos se veían las marcas de mis zapatos superpuestas a las de los suyos, lo que demostraba que él no había entrado allí desde entonces. Salí pronto de aquel antro maloliente, cegado por el sol que se reflejaba en la superficie del lago como en un espejo. Mi guía se acercó corriendo mientras me preguntaba con una sonrisa inocente: «¿Y ónde e<u>h</u>tán lo<u>h</u> murciégalo<u>h</u>?». Reaccioné inmediatamente diciéndole que no encontré los de la clase que estaba buscando; que era una especie en peligro de extinción que me habían dicho que habitaba en aquella cueva, pero que se habían equivocado porque allí no había ninguno. El preguntón insistió: «¿Y u<u>h</u>té miró bien?» Yo le dije que sí, que todos los que vi eran negros y los que yo buscaba eran colorados, a lo que él respondió: «¡Anda, coño! Y yo que creía que eso<u>h</u> bicho<u>h</u> eran to<u>h</u> iguale<u>h</u>...». Dejé al curioso impertinente en su pueblo y regresé a Sevilla.

Llegué a la casa de Jota antes que a la mía. Le amplié a Talía lo que le había dicho por teléfono, ocultando, claro está, todo lo referente al secreto de la Piedra. Acordamos esperar hasta el próximo viernes, cuando ella suponía que él aparecería para el bautizo. Si el viernes no apareciera, llamaríamos a la Guardia Civil.

Aquellos días la preocupación no me dejaba concentrarme en nada y tenía que salir y dar largos paseos tratando de distraerme. El jueves por la tarde, cuando llegué a casa, me dijo Rosa que Talía había llamado diciendo que sacaron el cadáver de Jota del pantano. Hermógenes vio flotando su sombrero y avisó a la Guardia Civil. La noticia me impresionó tanto que tuve que sentarme en una butaca porque creí que iba a desmayarme. Cuando me repuse un poco fui en seguida a la casa de Jota. Talía estaba llorando y su hermana salía de la cocina con un vaso de agua en una mano y una pastilla en la otra. En seguida me ofrecí para colaborar en lo que hiciera falta, aunque Talía me dijo que ya su cuñado se estaba encargando de todo. Regresé a mi casa y le dije a Rosa que tenía que irme en seguida a Valverde del Camino, cabeza del partido judicial donde estaba El Acebuche, para hacer unas declaraciones. «¡Pero, hombre..! ¿Y tiene que ser de noche?» me preguntó Rosa. «No. — mentí yo — Es que tengo que estar mañana a primera hora en el juzgado y me voy ahora para dormir en mi pueblo y llegar a Valverde temprano». No esperé la cena que estaba preparando Rosa, cogí la linterna y un saco, fui a alquilar un coche de doble tracción y partí en seguida para El Tonel.

No me fue difícil llegar de noche por estar ya familiarizado con el camino. Mientras me iba aproximando a El Acebuche, una horrible sensación de culpa se iba apoderando de mí. Algo me decía que si yo no hubiera discutido con Jota él no se hubiera ahogado. Yo, con mi egoísmo y mi falta de entendimiento, fui el culpable de su muerte. Lo menos que podía hacer, ya que había muerto por mi culpa, era cumplir sus deseos. Había que evitar que sus descubrimientos cayeran en manos ajenas.

Apenas abrí el portón de la finca, empezó a ladrar el perro de Hermógenes. Cuando cerré, ya se había acercado a mí lo suficiente para conocerme. Cambió los ladridos por unos gruñidos amistosos y se me acercó moviendo el rabo y oliéndome el pantalón. Hermógenes no salió. Debió despertar al oír ladrar al perro, pero como conocía perfectamente su lenguaje, entendería que no había motivo de alarma y debió seguir durmiendo.

La puerta de la cabaña estaba abierta. Briján no apareció. Quizá la agudeza propia de los felinos le indicaría que esperaba inútilmente a su proveedor y se habría mudado a un hogar más productivo. Entré, la linterna en una mano y el saco en la otra. Había montones de libros y de anotaciones por todas partes. Desenterré la caja metálica donde Jota guardaba las fotos, los negativos y la traducción. Los papeles manuscritos eran tantos que pronto llené el saco. Lo vacié en el asiento trasero del coche y regresé a buscar más evidencia del descubrimiento de Jota. Llené otra vez el saco con los papeles que quedaban y la caja metálica y, cuando estaba mirando varios libros para ver si había dentro de ellos algunas notas sospechosas, vi la estatuilla de *El Profeta* que yo le había regalado. También me la llevé.

Al llegar a mi casa del pueblo estaba clareando el día. Saqué del coche todos los papeles, los amontoné en mi dormitorio, me tiré en la cama sin desnudarme siquiera y dormí hasta mediodía. Soñé que estaba haciendo la mili en Tablada y me ofrecieron un saco lleno de dinero si tiraba desde un avión una bomba atómica sobre una ciudad. Subí al avión, despegué y al llegar al objetivo moví la palanca para que cayera la bomba, pero sentado sobre la bomba caía yo también con el saco de dinero apretado contra el pecho. A medida que caía iban agrandándose las figuras del río, la Giralda, la Torre del Oro... ¡La ciudad era Sevilla! Desperté sudando y con el corazón desbocado.

Con un destornillador que saqué del coche descerrajé la caja de las fotos y la traducción. Saqué todos los papeles de Jota al corral, hice un montoncito con algunos y le prendí fuego; luego fui añadiendo lentamente más papeles, las fotos, los negativos de las fotos... ¡todo, todo! sin leer nada, sin mirar nada, evitando la tentación de desobedecer la última voluntad de Jota. Algunos papeles iban mojados por unas lágrimas que no sé si las sacaban de mis ojos el recuerdo del amigo muerto, la pérdida de la Piedra o ambas cosas. Cuando del fruto del trabajo de Jota no quedaba más que un montón de pavesas que iba dispersando el viento, salí de mi pueblo y regresé a Sevilla.

La autopsia reveló asfixia por sumersión. Los hombres ranas de la Guardia Civil que anduvieron buceando por el fondo del pantano dijeron que el agua estaba muy turbia y si vieron la Piedra no le darían importancia, porque lo único que sacaron además del cuerpo de Jota fue la barca, que no presentaba desperfectos visibles, aparte de los debidos a su antigüedad. De hecho, quedó flotando amarrada al pequeño muelle donde estuvo antes.

Un hombre como Jota, que había andado por medio mundo y había vivido en lugares inhóspitos, era poco probable que no supiera nadar. La cola del pantano no era muy ancha por el lugar donde sacaron la barca y allí el agua siempre estaba tranquila. Yo no veía más que dos explicaciones al hecho de que la barca zozobrara: O Jota trató de tirar el trozo de mármol al fondo del lago o intentó aco-

modarlo mientras lo llevaba a algún sitio. De una
forma u otra la barca escoró hacia un lado, se vol-
teó y atrapó a Jota debajo impidiéndole respirar.

Unos días después del entierro, Talía, consciente de mi amistad con su difunto esposo, me dijo
que quería que la acompañara a ella, a su hermana
y a su cuñado para recoger el coche y lo que hubiera de valor en la cabaña y para que yo pudiera reti-
rar cualquier cosa que hubiera allí de mi propiedad. Le dije que habría que llevar un coche de doble tracción. Cuando llegamos a El Tonel el cuñado
de Talía, después de curiosear por todos lados,
empezó a decir en voz alta, sin ningún respeto para
el muerto, que Jota estaba loco queriendo vivir sin
necesidad en aquellas condiciones. Talía, más inteligente que él, trataba de evitar el tema pensando,
supongo, que con la crítica a su esposo también me
ofendía a mí que fui su amigo y compartí su forma
de vida. Lo único de valor que quedaba en El Tonel
eran los libros. Había historia antigua, arqueología,
lingüística, etimología, toponimia, diccionarios diversos, etc., textos muy especializados, casi todos.
Me preguntaron si tenía algo mío allí. Contesté que
no. Talía dijo que nada de aquello le interesaba y
les preguntó a su hermana y a su cuñado si creían
que algunos de aquellos libros podrían servirles a
sus hijos, que estaban estudiando. El cuñado esco-
gió dos o tres. Después Talía me preguntó si yo

quería alguno, porque si no, pensaba donarlos a alguna biblioteca. Yo le dije que me gustaría conservar los que quedaban, si ellos no se oponían. Me los dieron.

Después regresamos. El cuñado venía conduciendo el coche de Jota y yo, con las dos hermanas, el que habían alquilado. Por el camino de vuelta le pregunté a Talía si habían encontrado en los bolsillos de Jota algún apunte u otro indicio de adónde se dirigía. Dijo que sólo le habían entregado su documento de identidad, unas llaves y unas monedas. Talía me dijo que si yo estaba interesado en comprar la parcela y la cabaña de Jota, podría pagársela con facilidades. Pensé que el vacío que había dejado Jota en mi alma se agrandaría mucho más si yo volviera a aquella cabaña donde tantas cosas importantes él me había enseñado, donde tantas heridas espirituales él me había curado con el bálsamo de sus consejos, donde tantos momentos agradables habíamos vivido. Traté de explicárselo a las dos mujeres y me emocioné tanto que tuve que secarme unas lágrimas. Mientras yo hablaba, la hermana de Talía empezó a comentar el mal estado del camino por donde íbamos y Talía le contestó unas trivialidades. Me di cuenta de que no deseaban escuchar sensiblerías y me callé. Cuando Talía volvió a preguntarme dije solamente: «No me interesa».

Cuando llegué a mi piso de Sevilla con aquella cantidad de libros, Rosa empezó a sermonearme diciendo que no sabía para qué quería yo tantos libros, que pronto tendríamos que salir del piso para dejarles sitio a los libros, etc. Le dije que no se preocupara, que el sábado los iba a llevar todos a mi casa del pueblo.

Mi pueblo se convirtió en mi refugio. Los fines de semana los pasaba allí paseando y leyendo. Rosa cada día me reprendía más por la falta de dinero y yo cada día huía más de ella. Ni siquiera tenía en Sevilla el consuelo de ver a mi nieta, pues hacía más de un año que vivía en Barcelona, por haber sido trasladado allí su padre. Un tiempo atrás mi mujer me había buscado un trabajo de cobrador en una tienda de electrodomésticos que había en una esquina de nuestra calle, viendo que yo no hacía nada por aumentar nuestros ingresos. Aquello era un desastre: La escasa comisión que me pagaban no compensaba patear calles durante todo el día, ser recibido por caras avinagradas y oír groserías. Cuando me quejaba al dueño de la escuálida paga, no me daba otra solución que ser más enérgico con los clientes y asustarlos para que pagaran mejor. Pero ¿cómo iba a asustarlos si eran ellos los que me asustaban a mí? La depresión que me produjo la muerte de Jota aumentó mi aversión a ese trabajo a tal punto que me resultó intolerable y renuncié.

La reacción de Rosa fue tremenda. Dijo que yo era un inconsciente y un vago, que cómo íbamos a poder vivir solamente con mi paga de jubilación anticipada y que se iba a ir a Barcelona con su hija, aunque tuviera que trabajar limpiando pisos. Como siempre que se ponía trágica, terminó llorando.

Aquella misma tarde me fui a mi pueblo. Al día siguiente llegué a Valverde, a ver los parientes que tengo allí por parte de mi padre. Les pregunté cuánto creían ellos que podía pedir por la huerta y el olivar y me aconsejaron una cantidad aproximada. Regresé al pueblo, fui a la casa de Quico y le dije que averiguara si alguien estaba interesado en comprar la finca. «Hombre, lah cosah andan mu málah, pero si uhté no pidiera una cantidá mu esaherá, a lo mehó se la compraba yo» — fue la respuesta del perifrástico Quico. Temiendo que no dispusiera de suficiente efectivo, le dije que él estaba antes que nadie, pero que tendría que ser al contado porque con ese dinero tenía yo que cumplir un compromiso. Después de muchos rodeos, circunloquios y tiras y aflojas, llegamos a un acuerdo y cuando me disponía a aconsejarle qué banco sería menos problemático para tramitar la hipoteca, mi vecino desapareció, regresó con un envoltorio de papel de periódico que puso sobre la mesa camilla, encendió una bombilla que colgaba del techo y cerró la puerta y las dos ventanas de la habitación donde estábamos. Después se sentó, abrió el paquete y empezó a contar billetes de cinco mil pesetas. «Pero hombre, Quico — le dije yo sorprendido — primero tenemos que hacer el papeleo». «¡Ni papeleo ni na! La<u>h</u> palabra<u>h</u> suya y mía valen má<u>h</u> que to lo<u>h</u> papele<u>h</u> der mundo». Al día siguiente, mientras yo depositaba en el banco y formalizábamos la compraventa, le dije que era arriesgado tener en la casa esa cantidad de dinero y que la operación la hubiéramos podido hacer en el banco sin tocar un billete. Se me acercó y me dijo en voz baja: «Yo en e<u>h</u>te banco no guardo ni un duro. ¿Qué necesidá tengo yo de que tor pueblo se entere si uno tiene o no tiene cuatro perra<u>h</u>?».

Dormí esa noche en mi casa del pueblo y al día siguiente llegué al piso de Sevilla, le mostré a Rosa el recibo del dinero que me había pagado Quico por la finca y le dije: «Todo este dinero es para ti. Si lo administras bien no tendrás que fregar pisos. Sólo te pongo una condición: Que te vayas, como dices, a Barcelona. En el momento que estés allí, te pongo una transferencia». Rosa me miró sorprendida. Era evidente que no esperaba aquello de una persona tan pusilánime como yo. Intentó decir algo, pero parece que no le salían las palabras. Llamó por teléfono a nuestra hija Rocío. Yo me quité de en medio y la oía hablar en voz baja y lloriquear. Luego me dijo que Rocío quería hablar conmigo. Me preguntó qué había pasado y yo le dije que, si su madre no se lo había dicho, ya se lo explicaría cuando llegara a Barcelona.

Bajé al bar de la esquina y me senté ante un velador. Después de una hora y tres cafés regresé. Por la escalera venía Rosa con dos pesadas maletas que le ayudaba a bajar el hijo de la vecina de enfrente. Cuando le dije que esperara a que trajera el coche me dijo que ya había pedido un taxi por teléfono. No la vi más.

Subí al piso y me senté ante el televisor para distraerme. Después llamó Rocío desde Barcelona, le expliqué que no podía soportar más las exigencias de su madre y que, además del importe de la finca, también pensaba vender el piso de Sevilla para mandarles lo que me dieran por él y me iría a vivir al pueblo. Rocío, ante la perspectiva de que su madre (y ella indirectamente) recibiría esas cantidades inesperadas, no me sermoneó mucho, no fuera a ser que me arrepintiera, y así quedó la cosa.

Poco tiempo después vendí el piso y, desde luego, le mandé a Rosa el importe de la venta. En la vida nada es gratis y yo esperaba que con ese dinero Rosa compraría la hospitalidad de su hija y de su yerno al mismo tiempo que yo compraba mi libertad.

Mi existencia en el pueblo era agradable. Yo estaba contento de no tener quien me fiscalizara y vivía refugiado en la lectura y en contacto con la naturaleza de los campos limítrofes, por los que daba largos paseos. Leí muchos libros que antes no había tenido tiempo de leer, releí algunos que ya había leído en mi juventud; me hice amigo de pastores, gañanes y labradores y me sentí libre, creo que por primera vez desde hacía muchísimos años. Mi pensión no era gran cosa, pero yo me conformaba con poco, por lo que en el pueblo nunca tuve estrecheces económicas.

En la casa del pueblo no tenía teléfono, por lo que estaba a salvo de llamadas impertinentes de la familia. Varias veces llamé a Barcelona desde un locutorio público con la esperanza de hablar con mi querida nieta. Si contestaba otra persona yo colgaba en seguida. En la primavera de 1992 llamé un día a Barcelona, cogió el teléfono Rosita y la invité a visitarme en el pueblo diciéndole que los campos estaban todos florecidos como cuando ella era chiquita y paseábamos juntos... Casi se me escapó decirle: *como cuando tú descubriste la Piedra*. Me dijo que unos vecinos tenían pensado ir a ver la Expo de Sevilla y sus papás la iban a dejar ir con ellos. Quedé en recogerlos en el aeropuerto. Arreglé la casa del pueblo lo mejor que pude para que le diera a mi nieta una buena impresión, me afeité la barba que me había dejado desde hacía más de un año, me compré un traje nuevo y una corbata y ya estaba yo en el aeropuerto de San Pablo media hora antes de que llegara el avión. Mi nieta tenía once años. Estaba alta y guapa como una muñeca. La acompañaba un matrimonio con una niña aproximadamente de su edad. Sevilla era un caos. No había alojamientos disponibles a menos de cincuenta kilómetros y yo les dije que si no les importaba viajar un poco más, podrían quedarse en mi casa del pueblo. Mi casa era amplia, unos vecinos me prestaron unas camas y, como los visitantes eran jóvenes y despreocupados, no fue difícil acomodarlos. Estuvimos varios días visitando la Expo y viajando cada noche a mi casa del pueblo. Lo pasamos muy bien. Mi nieta estaba radiante y alegre y disfrutó mucho. Había perdido por completo la pronunciación andaluza y hablaba catalán con sus amigos. Yo no les permití que pagaran nada. Cuando se fueron quedé triste y empecé a lamentar la soledad que hasta entonces tanto había apreciado. Las risas y los gritos de mi nieta quedaron grabados en mis oídos como los trinos de las golondrinas que anidaban cada primavera bajo los aleros del tejado y desaparecían al llegar los primeros fríos. Después caí en cuenta de que Rosita no había traído ni siquiera una carta de parte de sus padres ni mucho menos de su abuela. *¡Mejor!* — me decía a mí mismo, pero yo notaba que el subconsciente sufría.

Durante varios años estuve llamando a mi nieta antes de que empezaran las vacaciones de verano con la esperanza de que regresara al pueblo; incluso le dije que podía venir con quien quisiera, que yo compraría una cama nueva para cada uno de sus acompañantes y, desde luego, se ahorrarían restaurante y hotel. ¡Nada! Siempre me decía que ya tenía un compromiso para ir a alguna playa o que sus padres no la dejaban venir sola. Llegué a la triste conclusión de que no hubiera venido a verme de no ser por la Expo.

Un día del invierno de 1996 me entregaron un telegrama de Rocío con tres palabras: *Mamá ha muerto*. Partí aquel mismo día para Sevilla y allí abordé el tren rumbo a Barcelona. Nunca he viajado en avión ni pienso hacerlo. Salí de la estación de Sants papelito en mano buscando un taxi. Mi hija tiene un piso grande y cómodo en un bonito barrio. Rosa estaba de cuerpo presente y yo no quise verla. Le dije a mi hija que prefería recordarla como era cuando estaba viva. Al siguiente día, temprano, fue el entierro. No vi a Fernando y les pregunté si le habían avisado; parece que no pudieron localizarlo. No vi a mi hermana y me dijeron que había muerto en Méjico hacía un año; pregunté por qué no me avisaron y escuché con dolor decir que se les había olvidado.

Mi nieta Rosita tenía quince años y estaba muy guapa. El día siguiente del entierro me dijo mi hija que yo a mi edad no debía vivir solo tan lejos. Roberto, mi yerno, le había comprado a su madre, que era viuda, un piso por allí cerca, pero como estaba tan sola, quería que ahora se fuera a vivir con ellos y que yo vendiera la casa del pueblo para, con lo que me dieran, comprar el piso de mi consuegra. La verdad es que a medida que me iba haciendo viejo iba apreciando cada vez menos mi soledad, pero ¿qué compañía podía esperar de quienes pretendían tener bajo su techo a la otra señora y al producto de la venta de mi casa, mientras yo seguiría igualmente solo, pero controlado por quienes me ignoraron durante años hasta el punto de olvidarse de comunicarme la muerte de mi hermana; viviendo en una celda de aquella ruidosa colmena que era la gran ciudad de Barcelona. No acepté. Ellos quedaron con las caras largas (*de hocico*, que dicen en mi pueblo) y yo regresé a mi casa.

A medida que envejecía me iba volviendo más melancólico, sobre todo durante los inviernos. Me pasaba días y noches leyendo y durmiendo. Leía un poco, me quedaba dormido, despertaba y leía otro poco, dormía de nuevo, etc. Meditaba sobre muchas cosas. Recordaba los primeros años de mi matrimonio, cuando Rosa todavía no había descubierto mi incapacidad para ganar dinero y me quería; los fines de semana veraniegos en La Antilla, cuando Rocío y Fernando eran chicos y nos bañábamos en el mar y jugábamos a la pelota en la playa hasta que Rosa nos llamaba para el almuerzo; después los paseos con Rosita, cuando le compraba cualquier juguete y se colgaba de mi cuello dándome besos y diciéndome que me quería mucho.

❋ ❋ ❋

La tarde de un sábado del verano de 1998 me fue a buscar Quico para que lo acompañara a tomar unas cervezas en el bar *El Andévalo*. Me gustaba reunirme allí una o dos veces por semana con algunos vecinos del pueblo que opinaban de todo lo opinable, especialmente sobre el agro. Llevábamos unos diez minutos sentados ante un velador cuando sentí un agudo dolor en el pecho. Vomité la cerveza y la tapa. Quico y dos más de los presentes me llevaron a toda prisa al dispensario en el coche de uno de ellos. Me pusieron una pastillita debajo de la lengua, me inyectaron algo y el dolor fue disminuyendo. Después me trasladaron en la ambulancia del pueblo al hospital de Valverde y allí me tuvieron en observación durante una semana. A partir de entonces tuve que tomar diariamente varias tabletas y hacerme análisis periódicos.

Quico me pidió el teléfono de mi hija para avisarle, pero yo no se lo di temiendo que me quisiera llevar a Barcelona. Si me hubiera ocurrido aquello de noche o durante alguno de los largos paseos que solía dar por el campo, es seguro que nunca hubiera escrito estas líneas. A menudo le decía a Quico que le debía la vida. El buen hombre y su mujer estaban siempre pendientes de mí y, debido a la amistad que cada día nos unía más, les confesé que prefería estar junto a ellos que cerca de mi familia, a lo que contestaron que no me preocupara, que ellos estarían muy felices de cuidarme.

Aquel infarto me acobardó mucho. A veces despertaba de noche asustado, pensando que me iba a dar de nuevo. Quico y su mujer eran como mis ángeles guardianes, pero no era justo que yo siguiera abusando de su bondad. Los padres de Quico ya habían muerto, pero tenía a su cargo a los suegros, por lo que era evidente que el cuido que me dispensaban él y su mujer suponía para ellos una responsabilidad adicional que yo no debía permitir que continuara.

Un día salí temprano para Sevilla. Estuve averiguando en diferentes asilos las condiciones de ingreso que más se ajustaran a mis posibilidades económicas. Regresé a mi casa, comparé los datos que me habían dado en las distintas residencias y me decidí por *El Buen Retiro*.

La casita de Quico y su mujer era una de las más humildes del pueblo y verdaderamente estaban incómodos teniendo que compartirla con los suegros y un hijo soltero mientras yo disponía de una vivienda enorme para mí solo. Hacía tiempo que pensaba dejársela al morir mediante testamento como pago por sus atenciones, pero como el hecho de poseer algún patrimonio hacía más onerosa la mensualidad en la residencia, fui a una notaría y le traspasé mi casa a Quico haciendo una venta ficticia. Cuando le dije que me iba a una residencia de ancianos de Sevilla el hombre se opuso enérgicamente. Llegó a decirme que no permitiría que yo saliera del pueblo. Le agradecí su preocupación y le recordé lo más amablemente que pude que yo era una persona libre y con plenas facultades mentales, por lo que tenía derecho a hacer aquello que me pareciera bien. En España, sobre todo en los pueblos, arrastramos el prejuicio de que *ir a parar* a un asilo es poco menos que terminar en un basurero. Los tiempos han cambiado, pero los prejuicios permanecen. La buena esposa de Quico lloraba mientras me ayudaba a meter en una maleta alguna ropa, dos pares de zapatos, la estatuilla que conservaba como un recuerdo de Jota y unos cuantos de mis más queridos libros. Cuando les entregué la escritura y les dije que podían disponer como quisieran de la casa, protestaron diciendo que no podían adueñarse de algo que pertenecía a mis hijos.

Yo les dije que para bien o para mal lo hecho, hecho estaba y la casa era de ellos.

La muchacha que atendía la pequeña biblioteca de la escuela de mi pueblo quedó perpleja cuando Quico empezó a hacer una torre con los varios cientos de libros que iba trasladando desde el coche hasta su escritorio. Le recomendé que los cuidara bien porque todos ellos eran valiosos. Después Quico me acompañó a Sevilla.

Ahora vivo en esta residencia, donde tengo, desde luego, mejor atención médica que la que pudiera procurarme el bueno de Quico, he hecho nuevas amistades y gozo de libertad para salir a pasear o asistir a cualquier actividad o espectáculo interesante. Abono el setenta y cinco por ciento de mi paga de jubilado y me queda para gastos el veinticinco por ciento restante. Aquí me dijeron que la ley exige enviar unos informes periódicos a los familiares de los internos, por lo que no tuve más remedio que comunicarle a Rocío mi nuevo domicilio. Ella insistió en que me fuera a Barcelona y yo insistí en que no me iría.

❋ ❋ ❋

Quien haya tenido la paciencia de leer hasta aquí habrá podido comprobar que a lo largo de mi pobre existencia no puedo enorgullecerme de ningún mérito personal que justifique perder el tiempo

emborronando unas cuartillas con mi biografía. El
único suceso en que me he visto involucrado del
que creo que merece la pena dejar constancia es el
hallazgo, secreto, traducción y desaparición de
aquel pedazo de mármol que tantas pasiones y
tantos temores despertaron en mi vida y en la de
mi mejor amigo.

Cuando Jota se negó a publicar el descubrimiento que había hecho de la lengua tartesia, mis
sentimientos hacia él fueron totalmente negativos
y llegué a considerarlo loco, egoísta, envidioso...
Después que se ahogó en el pantano se apoderó de
mí un tremendo complejo de culpa y pensé que
había sido un mártir que murió tratando de evitar
una desgracia para Andalucía y yo, por mi egoísmo
e ignorancia, le había fallado cuando más me necesitaba.

A medida que el tiempo me iba alejando de
aquellos sucesos y los iba viendo desapasionada-
mente, llegué a la conclusión de que Jota no fue ni
un loco ni un sabio, ni un egoísta ni un santo, sino
un pobre hombre mucho más inteligente que yo,
pero igual de desgraciado, que huía de sus fracasos
igual que yo huía de los míos y que disimulaba su
derrota ante la vida comportándose con fingida
seguridad ante mis ojos ignorantes. Su forma de
actuar rotunda e inapelable que le llevó a dar por
sentado que el descubrimiento de la lengua tarte-

sia traería a nuestra patria separatismo y tiros en la nuca, no se debía a la cualidad profética que yo le atribuía, sino al miedo a fracasar una vez más en su vocación de ser útil. Para convencerse de que actuaba correctamente necesitaría mi apoyo y admiración como el comediante necesita la presencia y los aplausos del público, pero yo le fallé.

Después fui convenciéndome a mí mismo de que aquel descubrimiento tenía tanta importancia, que el peligro hipotético que temía Jota no era suficiente motivo para mantenerlo oculto; pero la depresión que me produjo el convencimiento de ser culpable de su muerte me había llevado, como ya dije, a quemar sus apuntes y, sin ninguna prueba escrita que apoyara mis palabras y con el único testigo en el cementerio, ¿quién iba a creerme si le decía que en el fondo del pantano de El Acebuche está el diccionario del primer idioma conocido de los andaluces?

Aunque me he propuesto cumplir los deseos de Jota de no divulgar el contenido de la Piedra, no considero justo que permanezca oculto el gesto de quien, equivocado o no, sacrificó su gloria, y hasta su existencia, en aras de la Justicia que siempre se le escapaba de las manos. Desaparecidas todas las pruebas de los trabajos de Jota, creo que no traiciono su última voluntad contando en estas páginas el triunfo y la tragedia que acabaron con su vida.

No publicaré estas notas mientras viva. Trataré de asegurarme de que lo que escribo hoy como humilde homenaje a aquel gran hombre solamente sea leído cuando ya nadie pueda mortificarme con críticas estériles o averiguaciones fastidiosas, pues mientras más viejo soy, más aprecio los detalles insignificantes de la vida diaria y menos me importan las cosas *trascendentales*. Hoy tiene para mí más importancia ver salir el sol cada mañana que ver mi nombre escrito en los libros de texto. Si existe la más remota posibilidad de que Jota tuviera razón, vale más evitar que desaparezca una sola vida humana por culpa de cualquier mito, que todas las *piedras de Rosita* habidas y por haber.

EPÍLOGO

Una tarde de finales de agosto del año 2000 llegaban a su domicilio de Barcelona los Herrera Martínez tostados y agotados. Ya habían sacado del ascensor el equipaje. Roberto fue a meter el coche en el garaje y Rocío desembalaba. La madre de Roberto quitaba el polvo a la imagen del Cristo del Gran Poder que tenía en su dormitorio, mientras le rezaba un padrenuestro por haber preservado a la familia de todo mal durante las vacaciones. Rosita estaba hablando por teléfono con aquel chico tan guapo que conoció en Calella el día que fue con las amigas a la playita de la Roca Grossa.

Sonó el timbre. Rocío dejó sobre la cama las camisas de Roberto que estaba a punto de colgar en el ropero, se alisó el pelo y fue a abrir murmurando entre dientes que parecía que las vecinas envidiosas estuvieran esperado que llegaran para empezar a preguntar lo que no les importaba. La señora Empar, la del tercero derecha, no preguntó nada. Estaba muy seria con un papelito en la mano. Después de darle el pésame, le entregó la nota con el teléfono del asilo. Rocío agradeció, cerró la puerta y gritó: «¡Niña, cuelga, que tengo que llamar a Sevilla. El abuelo ha muerto!».

Menos mal que habían regresado de la playa unos días antes del 31 para evitar las caravanas de fin de mes. Roberto era muy previsor. En la misma agencia en que compró los dos pasajes de Iberia, también reservó habitación en un hotel de Sevilla, pensando en el viaje que tendrían que hacer al pueblo de Juan para tomar posesión de la casa.

A las cuatro de la tarde del día siguiente estaban recibiendo de la directora de la residencia el certificado de defunción y una maleta que contenía las pertenencias del difunto, excepto diez o doce libros que fueron considerados una donación por tenerlos siempre Juan a disposición de quienes quisieran leerlos, en unos anaqueles que constituían la exigua biblioteca de la residencia. Uno de estos libros era una colección de poemas y relatos cortos escritos y encuadernados por el difunto. «Ahí está todo tal como lo dejó el finado. Nadie ha tocado nada. — mintió la directora — Pueden revisarlo para que me firmen el recibo». Cuando la maleta fue abierta en la residencia y Rocío miró de una forma somera el contenido, Roberto reparó en seguida en unos documentos que parecían escrituras notariales. Pensó que ahí estaría el testamento. Llevaron la maleta al hotel y allí escudriñaron a fondo lo que había dentro. Roberto se fue derecho a los documentos, leyó y dijo lacónico: «Mañana nos vamos temprano a Barcelona. No tenemos nada más que hacer aquí: Tu padre le ha vendido la casa a uno del pueblo. Rocío protestó diciendo que eso no podía ser, que la legítima, que la sucesión universal, que esto, que aquello... Roberto respondió de mal humor que ya arreglarían eso en Barcelona, pues él tenía que empezar a trabajar en unos días y necesitaba descanso. Rocío miró la fecha de la escritura y dijo que su padre no podía haberse gastado en tan poco tiempo el dinero que le dieron por la casa, teniendo su paga de jubilado, por lo que debía haber alguna cartilla de ahorros o algo que indicara dónde estaba ese dinero. Llamó a la residencia y le preguntó a la directora si había quedado por allí extraviado algún documento de su padre. Ante la rotunda negativa, le dijo a Roberto que tenían que quedarse un día o dos más para averiguar si su padre tenía dinero en algún banco. «Mujer, ya lo había pensado yo — contestó el práctico Roberto — pero eso no se puede hacer sin una orden judicial. Cuando lleguemos a Barcelona hablaré con Joan Pereira, un juez que me debe favores, para que mande una orden a todos los bancos y si tiene algo ya nos enteraremos».

Los informes que el juez Joan Pereira recibió de los bancos y de las compañías con acciones en bolsa, demostraban que Juan Martínez no tenía ni había tenido cuenta o inversión alguna a su nombre en ningún sitio. «Si mi padre no metió ese dinero en ningún banco ni empresa — dijo Rocío — seguro que ese sinvergüenza del pueblo lo engañó, no le pagó nada y nos robó la casa».

Pero Juan había dejado un montón de hojas manuscritas dentro de una caja de cartón. Si allí, por casualidad, dijera de su puño y letra que la casa sería para ella y su hermano ¿no tendría esto algún valor? Pronto se convenció de que allí no encontraría lo que buscaba. Su prudente esposo, extrañado por la avidez con que Rocío leía aquellas cuartillas, le dijo burlón: «Ahora me entero yo de que mi suegro era escritor. ¿Y qué dice en esos papeles?». «Nada — contestó ella — apenas leí la mitad y ya me aburrí. Se queja de mi madre y luego cuenta unas historias fantásticas. Yo creo que con la edad quedó mal de la cabeza». «¿Y por qué crees tú que no es verdad lo que escribió y que perdió la cabeza?». — quiso saber Roberto. Rocío contestó: «¿Tú crees que si le hubieran ocurrido esas cosas no las habría contado en casa? ¡Se me ocurre una idea! Si con esas mentiras que escribió mi padre probáramos que sufría demencia senil, quizá podríamos anular la venta alegando que el que se quedó con la casa ejerció sobre mi padre... ¿cómo le llamáis los abogados a eso? ¡Influencia perniciosa!». «No, mujer — le respondió sonriendo su prudente cónyuge — Si se pudiera demostrar que están locos todos los que escriben o dicen falsedades, estarían los manicomios llenos de políticos y de periodistas».

El siguiente domingo Rocío metió en una bolsa de plástico la ropa, los zapatos y varios objetos personales de su padre y, antes de encargar una misa por su eterno descanso, los entregó en la sacristía para contribuir a las obras de caridad de la parroquia.

Rosita estaba en su cuarto pintándose las uñas cuando entró su madre diciéndole: «Aquí tienes la maleta del abuelo por si te sirve para guardar algo. ¡Ah, se me olvidaba! Dentro hay unos papeles donde cuenta unas cosas, por si quieres leerlos». Rosita se sopló las uñas hasta que estuvieron secas y abrió la maleta. Le hizo mucha gracia una figura muy estilizada, muy moderna, que encontró dentro. Era un hombre que parecía gritar, con una mano en un bastón y la otra levantada sobre su cabeza. En el pedestal decía *El Profeta*. La limpió y la puso encima de su peinadora. Después abrió la caja de zapatos, se acostó en la cama y empezó a leer.

Rosita se emocionó un poquillo cuando Juan decía que la quería mucho, se aburría con las historias de la guerra y de los años del hambre, por lo que hojeó al azar sin interés en lo que leía, le hizo gracia la entrevista de su abuelo con su futuro suegro y las sospechas por la prisa de su mamá en casarse y no pudo soportar las fastidiosas peroratas de Jota ni las tediosas explicaciones de la traducción. Le hizo gracia la visita a la cueva en compañía del tonto del pueblo y, cuando pensaba que ya no habría escrito más sobre ella, encontró el párrafo donde contaba el viaje a la Expo y le dio un poco de pesar que su abuelo se quejara por no haber vuelto ella a visitarlo. Fue a preguntarle a su mamá si era verdad que había descubierto una piedra con unas palabras raras y Rocío le contestó: «No hagas caso. Esas son fantasías del abuelo».

Cuando terminó de leer pensó que el abuelo no tenía mucha imaginación, pues hubiera quedado más bonito el relato si la piedra de mármol hubiera estado tapando la puerta de la cueva del Madroño y la traducción de las palabras mágicas que contenía sirvieran para abrirla y encontrar dentro las ollas llenas de monedas de oro, como en el cuento de Alí Babá.

La abuela entró un día en el cuarto de Rosita y le dijo: «Esa figura tan fea que tienes en la cómoda me da miedo: parece cosa del Diablo. Tírala a la basura, que yo te voy a regalar la imagen de la Virgen de los Reyes que traje de Sevilla. ¡Ésa sí es una talla importante! Sabrás que desde que terminó la guerra a la Virgen de los Reyes se le rinden honores de capitán general». Rosita obedeció a medias a su abuela: en vez de tirar la estatuilla, la volvió a meter en la maleta del abuelo.

✳   ✳   ✳

Una noche de Junio del año 2001 estaban Rocío y Roberto atentos a las noticias de la televisión mientras cenaban. Roberto siempre sintonizaba la televisión catalana para familiarizarse con el idioma. La abuela no soportaba el catalán y cenaba en su cuarto, viendo algún canal en castellano. Tuvieron que subir el volumen porque por todas partes estallaban cohetes: Era la Noche de San Juan. Un conocido político, secretario general de un partido catalanista muy de izquierdas, muy progresista es de suponer, respondía a unas preguntas que le hacía una reportera: «Clar que jo no soc enemic del castellà! Jo parlo cinc idiomes i crec que cada català, endemés de la seva llengua, deu saber parlar també castellà, francès i anglès». Rocío sonrió y le dijo a Roberto: «Ya está éste con sus ironías. No es enemigo del castellano, pero lo trata como a cualquier idioma extranjero», a lo que su inteligente esposo contestó: «Y tiene razón. Es la pura verdad. Mientras más idiomas sepa uno, mejor. El mes que viene, cuando termine el curso de catalán que me exigieron para el ascenso en el trabajo, me voy a matricular en inglés».

Rosita entró corriendo al piso, pidiéndole a su mamá algunas cosas viejas que pudieran arder en la pira que los jóvenes de la calle estaban haciendo en la placita de la esquina para celebrar la Noche de San Juan.

La joven lanzó sobre las llamas una mesita de cocina desencolada y la vieja maleta en cuyo interior habían quedado olvidadas las cuartillas que escribió su abuelo y la efigie de *El Profeta*.

La misma mano inocente que descubrió lo que fue causa de la muerte de Jota enviaba ahora al Cielo en holocausto póstumo la historia del sacrificio de su vida. El humo en que se iban convirtiendo aquellos papeles y aquella imagen subía como incienso, buscando las estrellas donde los humanos hemos colocado la morada de los dioses ancestrales a los que todavía rendimos homenaje cada solsticio de verano; los dioses que rigen el movimiento de los astros y los ciclos de la vida; los que castigan la soberbia de los humanos confundiendo nuestras lenguas para que no logremos entendernos, pero sin los cuales no sabríamos adónde ir cuando nos olvidan en la Tierra.

Casi todas las palabras usadas en este libro figuran en el Diccionario de la Real Academia Española. Sin embargo es posible que el significado de algunos términos escape al conocimiento de quienes no hayan vivido en los lugares específicos de España donde la novela está ambientada o no estén familiarizados con ciertos episodios históricos a que la misma hace referencia. Previendo tal cosa y para facilitar el mensaje que pretendo enviar a quienes tengan la bondad de leer estas páginas, he confeccionado el siguiente

GLOSARIO:

Abd el Krim. Jefe marroquí que inició en 1921 un levantamiento contra España.

Aberzale. En vasco *abertzale*. Patriota separatista vasco.

Acebuche. Olivo silvestre.

Aceña. Molino accionado por la fuerza de una corriente de agua.

Al Ándalus. Nombre que daban los árabes españoles a la parte de la Península Ibérica dominada por ellos.

Aljarafe. (Del árabe *axaraf*, lugar elevado). El Aljarafe es una comarca próxima a Sevilla.

Almáciga. Semillero.

Alpiste. Uno de los nombres eufemísticos que se le da al vino. El símil consiste en que el alpiste hace que canten los canarios y el vino hace que canten los borrachos.

Altozano. Colina situada en un lugar llano.

Ancien Régime. En francés *antiguo régimen*, refiriéndose a la monarquía que fue derrocada por la república. Aquí uso la frase en sentido figurado refiriéndome al régimen franquista.

Andévalo. (Palabra de origen celta. *Ande*, prefijo aumentativo y *valon*, muro, barrera). El Andévalo es una comarca y una sierra de la provincia de Huelva.

Aparcero. El que trabaja una finca ajena con la obligación de entregar al dueño de la tierra una parte de lo que cosecha.

¡Arraio! Expresión admirativa en idioma vasco.

Artista. En ciertos pueblos de Andalucía llaman así a los que no son campesinos y ejercen oficios dentro de las poblaciones.

Bajeras. Partes bajas de las paredes, que se pueden pintar o enjalbegar sin el uso de escaleras.

Bálago. Paja larga de los cereales.

Barca de Caronte. La que, según la mitología griega, conducía a través de la laguna Estigia las almas de los muertos. Aquí la usé como un símil del asilo de ancianos.

Bato. En caló significa *padre*.

Benemérita. En España se le llama así a la Guardia Civil.

Berroqueño. Granítico.

Berrueco. Roca de granito.

Bético. Partidario del Real Betis Balompié, equipo de fútbol de la ciudad de Sevilla, rival del Sevilla Club de Fútbol.

Boff, Leonardo. Teólogo brasileño vinculado a la Teología de la Liberación.

Bustrófedon. Adverbio de origen griego que significa aproximadamente *como aran los bueyes* y se aplica a la escritura en la que cada renglón va en dirección contraria al anterior.

Cabezo. En algunos lugares de Andalucía, *cerro* o *farallón.*

Calera. Horno hecho en el campo para calcinar la piedra caliza y obtener cal.

Caló. Lenguaje de los gitanos españoles.

Calvo Sotelo, José. Abogado, político y economista; una de las figuras más relevantes de las derechas españolas en los años anteriores a la Guerra Civil. Su asesinato el 13 de julio de 1936 fue uno de los detonantes de la rebelión de los militares cinco días después.

Camioneta. En los pueblos de España se les solía llamar así a los antiguos autobuses de línea.

Cancerbero. Perro de tres cabezas que, según la mitología griega, guardaba la puerta de los infiernos. Aquí uso la palabra en sentido figurado.

Cantaó. El que canta flamenco.

Cante. El arte de cantar flamenco.

Capillita. Adjetivo o sustantivo con que se designa en Sevilla a la persona entendida en manifestaciones religiosas locales.

Casas consistoriales. Lugares donde se reúnen los concejales de una población, generalmente el ayuntamiento o municipio.

Casino de los señoritos. En los pueblos andaluces, club privado de la oligarquía.

Casulla. Vestidura bordada que usaba el sacerdote sobre las demás prendas cuando decía misa y cuyo color variaba según la parte del año litúrgico en que era usada.

Catalina. Excremento humano.

Cateto. Rústico, campesino.

Cazurro. Tosco, reservado, ignorante.

Chamullá romanó. En caló significa *hablar caló.*

Cilicio. Faja de cadenillas de hierro con puntas que se ciñen al cuerpo de las personas devotas con el fin de mortificarse.

Cisco. Carbón menudo.

Colgar la sotana. Renunciar al sacerdocio católico.

Comadrona. Partera.

Contrapartida. Grupo de guardias civiles que, durante la posguerra española, se presentaban en los cortijos disfrazados de guerrilleros para averiguar quiénes colaboraban con los maquis.

Cordel. Camino con la anchura suficiente para que transiten los rebaños trashumantes que tradicionalmente se desplazaban buscando los mejores pastos según la estación del año.

Cortijo. En Andalucía y Extremadura, casa de campo, casa de labranza.

Cosario. Persona que viajaba periódicamente de los pueblos a las capitales de provincia o a otras ciudades importantes con el fin de traer, mediante encargo, cosas que no se vendían localmente.

Cuentas del Gran Capitán. Las que, según la tradición, le presentó Gonzalo Fernández de Córdoba al rey Fernando el Católico después de sus victorias en las guerras de Italia. Es sinónimo de gastos fraudulentos.

Cuneiforme. Escritura mediante caracteres en forma de cuñas que se imprimían en tablillas de arcilla y que usaron en la antigüedad varios pueblos de Asia.

Currelá. En caló, *trabajar.*

Dehesa. Tierra destinada a pastos, generalmente acotada.

Dieciocho de Julio. El 18 de julio de 1936 fue la fecha oficial en que los militares se sublevaron contra el gobierno republicano legalmente establecido, por lo que los vencedores la convirtieron en la festividad más importante del calendario español, con desfiles militares y otras manifestaciones triunfalistas. Franco decretó que recibieran una paga extraordinaria todos los asalariados españoles el 18 de julio de cada año.

Diógenes. Filósofo griego discípulo de Antístenes, llamado *el Cínico*. Nació en Sinope en el siglo IV antes de Cristo y murió en Corinto. Se dice que Alejandro Magno, atraído por su fama, fue a visitarlo. El filósofo estaba sentado dentro de un tonel que era todo lo que poseía y cuando Alejandro, dueño de la mayor parte del mundo conocido entonces, le dijo que pidiera lo que necesitara, que él se lo concedería, Diógenes respondió: «Quítate de delante de mí, que me tapas el sol».

Dómine. Maestro de escuela.

Duende. Entre aficionados al cante flamenco se llama así a la inspiración poética que siente y expresa el *cantaó*.

Ejido. Campo que no se cultiva, próximo a los pueblos, de uso común, donde suele pastar el ganado de los vecinos, se instalan las eras, etc.

Empinar el codo. Tomar bebidas alcohólicas.

Empleita. Tira de palma trenzada con la que se hacen sombreros, esteras, etc. También se llama *pleita*.

Escribiente. Nombre con que designa la gente de los pueblos a los que trabajan en oficinas.

Espárragos trigueros. Los que crecen silvestres en el campo, generalmente entre el trigo.

Estacada. Olivar nuevo donde los árboles todavía no dan fruto.

Estañador. El que iba por los pueblos y los campos soldando con estaño las vasijas metálicas dañadas por el uso.

Estraperlo. Comercio ilegal de artículos intervenidos por el estado o sujetos a tasa. El nombre viene de *straperlo*, un juego de azar fraudulento que intentaron implantar en España en 1935.

Euskadi. Neologismo inventado por el nacionalista Sabino Arana para designar a las Provincias Vascongadas, también llamadas País vasco.

Expo. Me refiero con esta abreviatura a la Exposición Universal de Sevilla del año 1992.

Falange. Con el nombre de *Falange Española Tradicionalista y de las J. O. N. S.* se conocía el único partido que permitió Franco después de la Guerra Civil. Este partido se formó por la unión de la Falange propiamente dicha, los Requetés y las J. O. N. S. (Juntas de Ofensiva Nacional-Sindicalista).

Fiesta Nacional. Las corridas de toros.

Flamenco. Estilo folclórico de canciones, bailes y música propio de Andalucía y otras partes del sur de España.

Focense. De Fócida, en la Grecia antigua.

Furcia. Prostituta.

Gaché. En el habla gitana, plural de *gachó*. El femenino es *gachí*. Los gitanos les llaman *gaché* o *payos* a los que no son gitanos, pero popularmente la palabra se aplica a las personas en general.

Glosas Emilianenses. Anotaciones en castellano y en vasco que hace más de mil años pusieron algunos monjes del monasterio de San Millán de la Cogolla, en La Rioja, en los márgenes de unos libros sagrados escritos en latín, para aclarar el sentido de algunas frases. Es el texto más antiguo que se conoce escrito en lengua castellana y también es el texto más antiguo que se conoce escrito en lengua vasca. *San Millán* es una forma romance del latín *Sanctus Emilianus.* De ahí el nombre de *Emilianenses.*

Gradear. Arrastrar una grada, tirada por una bestia, por encima del campo recién arado para deshacer los terrones y allanar el terreno.

Gramática parda. Filosofía elemental y práctica de la vida, de que suelen hacer uso los campesinos y personas sin preparación académica.

Guardesa. La mujer del guarda de un cortijo.

Gurión, David ben. Primer presidente del gobierno en el estado moderno de Israel.

Gurumelo. Nombre que se le da en las comarcas fronterizas con Portugal de las provincias de Huelva y Badajoz a una seta comestible.

Gutiérrez, Gustavo. Sacerdote y teólogo peruano que escribió el texto considerado la semilla de la Teología de la Liberación.

Guzmán el Bueno. Alonso Pérez de Guzmán. Guerrero español del siglo XIII que prefirió perder a su hijo antes que entregar a los moros el castillo de Tarifa.

Hablar pronunciao. En Andalucía, hablar pronunciando el castellano correctamente, como se supone que hablan en Castilla y en el norte de España.

Hiram. Rey de Tiro contemporáneo y aliado de los reyes israelitas David y Salomón.

Ikastola. Escuela donde se enseñan la lengua y la cultura vascas.

INSERSO (Instituto de Servicios Sociales). Organización española que facilita el ocio de los jubilados, como viajes turísticos, etc. a precios especiales.

Itálica. Antigua ciudad del Imperio Romano donde nacieron los emperadores Trajano y Adriano, cuyas ruinas se conservan cerca de Sevilla, junto al pueblo de Santiponce.

Jergón. Colchón rústico relleno generalmente de paja de centeno u hojas de maíz.

Jonio. De Jonia. Hubo en la antigüedad varias regiones de Grecia y Asia Menor con ese nombre.

Lacha. En caló significa *vergüenza.*

Lañador. El que componía cosas rotas por medio de lañas o grapas.

Legión. Cuerpo de Ejército que tenía España en África como fuerza de choque y que, comandado por Francisco Franco, atravesó el estrecho de Gibraltar y fue decisivo en la Guerra Civil española.

Librería de lance. La que vende libros viejos o usados.

Lidiar. Torear.

Mahcá. Mascada. Puñetazo en el mentón.

Majano. Montón de piedras que se recogen de los campos para facilitar el cultivo de la tierra. También se dice *almajano.*

Malaje. En Sevilla y otros lugares de Andalucía, antipático, que no tiene gracia. Es una contracción de *mal ángel.*

Malcasado. Quien convive con su cónyuge a pesar de no quererlo.

Manzanilla. Cierto vino blanco propio de Sanlúcar de Barrameda, en la provincia de Cádiz.

Maquis. Guerrilleros terroristas que merodearon por los campos de España varios años después de terminar la Guerra Civil.

Maragato. Individuo de una comarca de la provincia de León, cerca de Astorga, cuyos habitantes se han dedicado tradicionalmente a ser arrieros y han conservado durante siglos unos rasgos culturales muy particulares.

Marmota. En Sevilla y otros lugares de España, criada, empleada doméstica.

Merina. Cierta casta de ovejas cuya lana es muy estimada.

Migas. Comida propia de la gente del campo consistente en miga de pan picada, humedecida y frita con ajos, pimientos, tocino, etc.

Mili. Abreviatura de *milicia.* Servicio militar. En España fue obligatoria desde el siglo XIX hasta el año 2001.

Miliciano. Miembro de cualquiera de los partidos de extrema izquierda que, antes y durante la Guerra Civil española, salían en grupos armados a perseguir a los que se suponía que explotaban a la clase obrera.

Miura. Toro de lidia de una casta famosa por su bravura.

Montanera. Tiempo en que las bellotas están maduras, propio para llevar los cerdos a que las aprovechen en las dehesas.

Montañés. Cántabro. Natural de Cantabria.

Moscardó. José Moscardó Ituarte. General español que, durante la Guerra Civil española, se negó a entregar a los republicanos el Alcázar de Toledo a pesar de que lo amenazaron con matar a su hijo. Por eso lo compararon con Guzmán el Bueno.

Mosegá. Mirar, vigilar, en el habla popular de Sevilla. Si la palabra es propia de los gitanos, debe ser un préstamo del catalán, pues en catalán *mossegar* es morder y en Sevilla es común usar en el habla vulgar el imperativo *muerde* por *mira.*

Movimiento. Los *nacionales* o franquistas denominaban la rebelión de los militares con el nombre de *Glorioso Movimiento Nacional.*

MST. Siglas del *Movimento dos Trabalhadores Rurais sem Terra*, organización brasileña originaria del estado de Pará.

Negrín. Juan Negrín, primer ministro de la República durante los dos últimos años de la Guerra Civil española.

Niñato. Muchacho engreído y sin fundamento.

Niño sabio de Camas. Apodo del torero Paco Camino, natural de Camas, un pueblo próximo a Sevilla.

Nota. En el argot sevillano, hombre, persona.

Olambrilla. Pequeño azulejo decorativo cuadrado que se combina con losas de cerámica mucho más grandes, rectangulares o cuadradas.

Parné. *Dinero* en la lengua de los gitanos. Significa propiamente *blancos* o *blancas* y es una traducción al caló del nombre castellano que se le daba antiguamente a las monedas de plata, como cuando se dice *Estoy sin blanca.*

Partida. Grupo ilegal de gente armada.

Pax Romana. Paz de Roma en latín. Era la paz que imponía el Imperio Romano en una provincia después de haberla dominado por la fuerza. En la novela uso este símil para referirme a la posguerra española. El calificativo de *romana* puede servir, además, para indicar el poder omnímodo que ejerció entonces en España la Iglesia Católica Romana.

Payo. El que no es gitano. No es palabra gitana, sino castellana.

Pegujal. Porción muy pequeña de tierra de labor.

Pejiguera. Cosa que, sin dar provecho, causa molestias.

Pelotillero. Adulador.

Perra gorda. Antigua moneda de diez céntimos de peseta. La de cinco céntimos se llamaba *perra chi-*

ca. El nombre de *perra* o *perro* parece que era una burla al león rampante que aparecía en las antiguas monedas de cobre de estas denominaciones.

Peteneras. Un *palo* del *cante jondo* que se supone de origen judío.

Piedra de Rosetta. Piedra que se encuentra en el Museo Británico, descubierta en 1799 por las tropas de Napoleón en el puerto egipcio de Rosetta (en árabe, Rashid), que contiene una inscripción bilingüe (egipcio y griego), pero está escrita en tres alfabetos (jeroglífico, demótico y griego). Descifrada por Jean François Champollion, fue la clave para entender los numerosos textos egipcios que abundan en las ruinas de aquella importantísima civilización.

Podenco. Perro de cierta raza, muy hábil para la caza.

Polainas. Piezas de cuero que cubren desde la rodilla hasta el tobillo y se aseguran por la parte de fuera con unas hebillas.

Poverello. En italiano significa *pobrecito* y suele llamársele así a San Francisco de Asís.

Poyo. Asiento de piedra o mampostería que suelen tener adosados a las paredes los cortijos.

Practicante. Persona con título para ejercer la cirugía menor, cuya actividad más común era poner inyecciones.

Punta. Rebaño pequeño o parte que se separa de un rebaño.

Rabadán. Jefe de los pastores de una finca ganadera.

Radio Pirenaica. Llamada oficialmente *Radio España Independiente*. Creada por Dolores Ibárruri, *La Pasionaria*, en Moscú. Funcionó en Moscú hasta el año 1955, en que se trasladó a Bucarest. Se creía infundadamente que emitía desde los Pirineos; de ahí su nombre.

Rastrojo. Terreno que queda con las cañas cortadas de los cereales, después de la siega.

RENFE. Siglas de la Red Nacional de los Ferrocarriles Españoles.

Requeté. Militante del tradicionalismo carlista español. En el año 1937 los requetés se unieron a la Falange.

Saboneta. Reloj de bolsillo muy valioso, generalmente de oro.

Samos. Isla griega del mar Egeo.

Serva la Barí. *Sevilla la Bella* en caló.

Sobrino, Jon. Intelectual jesuita vasco vinculado a la Teología de la Liberación.

Solsticio de verano. Parte del año en que el día es más largo y la noche más corta. Esta circunstancia es el origen de diversos ritos antiquísimos de acción de gracias a las divinidades paganas, que se hacían en esta fecha y luego fueron disfrazados por el cristianismo con el nombre de *la Noche de San Juan*. Se siguen celebrando en diversas poblaciones de España.

Soto. Bosquecillo, sitio poblado de árboles o maleza.

Sotto voce. En italiano *en voz baja.*

Subírsele el pavo a alguien. Ponérsele a alguien la cara roja de vergüenza.

Suerte. Pequeña porción de tierra de labor; división de una finca agrícola.

Tarama. Rama seca pequeña; pedazo de leña menuda.

¡Te qui ya! Expresión del argot popular sevillano, contracción de *¿te quieres ir ya?* Se usa para expresar incredulidad o negación.

Teja. Sombrero negro de copa semiesférica que formaba parte, con la sotana, de la indumentaria de los sacerdotes católicos.

Teología de la Liberación. Movimiento religioso católico iberoamericano que floreció en la década de los 70 y consiste en aplicar la fe y el estudio de la Biblia a las necesidades de los pobres.

Truja. *Cigarrillo*, en caló.

Tuero. Tronco grueso de encina o cualquier otra madera dura, que se arrima a la pared debajo de la chimenea para que se vaya quemando lentamente cuando se prende la leña.

Tunantah. En correcto castellano, *tunantadas.* Picaresca.

Umbría. Ladera orientada al norte de una montaña, por lo que recibe poco o no recibe los rayos del sol y conserva mucho tiempo la nieve en invierno.

Una jartá. Expresión del argot sevillano que denota abundancia.

Vaqueiros de alzada. Vaqueros trashumantes asturianos que hasta hace muy poco tiempo no se mezclaban con los demás campesinos y diferían de ellos en dialecto, costumbres e indumentaria.

Yugo y flechas. Símbolo de los Reyes Católicos que adoptó la Falange Española como su emblema.

Zafariche. Cantarera, mueble rústico de madera donde se colocan los cántaros.

Zagal. En los ambientes rurales de España, un pastor joven o un muchacho en general.

Zagalón. Muchacho grande en edad o estatura.

Zahones. Prenda masculina de cuero que cubre la parte delantera del cuerpo desde la cintura hasta más abajo de las rodillas y se amarra por detrás a la cintura y a las piernas. Protege los pantalones del desgaste propio de las labores del campo.